1 漢字の読み 1

出る順 ランク A

合格 13/18

得点

◆次の――線の読みをひらがなで書きなさい。

□ 1 適度な運動で健康の**維持**に努める。

□ 2 新しい研究の分野を**開拓**する。

□ 3 母校のチームに**声援**を送る。

□ 4 事件の**詳細**は追って通知する。

□ 5 心を込めて**丹念**に仕上げた。

□ 6 資金不足で工事が**遅延**している。

□ 7 民家の近くでクマが**捕獲**された。

□ 8 姉は日本**舞踊**を習っている。

□ 9 時代をこえた**不朽**の名作だ。

□ 10 水鳥は**波紋**を残して飛びたった。

□ 11 自信たっぷりに**雄弁**をふるう。

□ 12 鉄道が**敷設**されて便利になった。

□ 13 水質**汚濁**の原因を調べる。

□ 14 一段落してやっと**暇**ができた。

□ 15 心なしか表情に**陰**りがみえる。

□ 16 **鉛**いろにどんよりと曇った空だ。

□ 17 化石が**幾**つも発見された。

□ 18 夜空に輝く満天の星を**仰**ぐ。

2 漢字の読み 2

出る順 ランクA

合格 13／18

得点

◆次の——線の読みをひらがなで書きなさい。

- □ 1 後世に残る**偉業**だとたたえられた。
- □ 2 都市部の人口は増加の**傾向**にある。
- □ 3 農薬を散布して害虫を**駆除**する。
- □ 4 論文の要点を**箇条**書きで整理する。
- □ 5 最近は**越冬**ツバメが増えている。
- □ 6 昼夜**交替**制の勤務だ。
- □ 7 カメラは**鮮明**な画像を写し出した。
- □ 8 事態に**即応**した対策を立てる。
- □ 9 黙って**傍観**している場合ではない。
- □ 10 政府は外国に特使を**派遣**した。
- □ 11 車内での大声はほかの乗客に**迷惑**だ。
- □ 12 日本記録は再び**更新**された。
- □ 13 言うこととすることが**矛盾**している。
- □ 14 実力においては相手に**劣**らない。
- □ 15 名君の**誉**れ高い殿様だった。
- □ 16 **怖**いもの見たさでそっとのぞいた。
- □ 17 農家は**稲刈**りの時期を迎えた。
- □ 18 鬼の目にも**涙**

3 漢字の読み 3

出る順 ランクA

合格 13／18

得点

◆次の——線の読みをひらがなで書きなさい。

1 チームの精鋭を集めて対抗する。
2 公正な立場を堅持している。
3 何事にも真剣に取り組む。
4 代表選手として外国に遠征する。
5 業界でも屈指の一流商社だ。
6 必勝を祈願して参拝する。
7 色彩感覚の豊かな画家だ。
8 人権の侵害だと抗議した。
9 古い考え方から脱却する。
10 空き地に雑草が繁茂している。
11 最後まで沈黙を守り通した。
12 試合は冒頭から荒れ模様だ。
13 暑さ寒さも彼岸まで。
14 味付けは濃いめの方を好む。
15 草葉の露とはかなく消えた。
16 事故で大きな損害を被った。
17 久しぶりの再会で話が弾んだ。
18 民家の軒先で雨宿りした。

4 漢字の読み 4

出る順 ランクA

合格 13/18

得点

◆次の――線の読みをひらがなで書きなさい。

□ 1 新しい趣向で客を喜ばせた。

□ 2 態度が軽薄なので信用できない。

□ 3 店頭に監視カメラを設置する。

□ 4 とても是認できない内容だ。

□ 5 定年退職して隠居の身となった。

□ 6 負傷者を手厚く介抱する。

□ 7 両首脳は握手をかわして別れた。

□ 8 何事も憶測だけでは判断しない。

□ 9 家族そろって歓談のひと時を送った。

□ 10 今日に至る事件の経緯を説明した。

□ 11 展示会では脚光を浴びた作品だ。

□ 12 両者に意見の相違はない。

□ 13 世界の文豪と称せられる作家だ。

□ 14 さりげない心遣いがありがたい。

□ 15 恥ずかしく肩身の狭い思いをした。

□ 16 都合を繰り合わせて出席した。

□ 17 来客に食事を勧める。

□ 18 ご意見を伺いに参ります。

5 漢字の読み 5

出る順 ランクA

合格 13/18

得点

◆次の――線の読みをひらがなで書きなさい。

1 人々は**恒久**の平和を祈った。
2 台風が**猛威**をふるっている。
3 昨夜は十時に**就寝**した。
4 警備員が構内を**巡回**する。
5 冬季の**耐寒**訓練に参加した。
6 **円盤**投げで金メダルをとる。
7 交通費は**別途**に支払います。
8 政治が**腐敗**して世が乱れた。
9 都会を離れて**療養**生活を送る。
10 いつまでも**疲労**がぬけない。
11 標本をホルマリン**溶液**につける。
12 犯人はすでに**逃走**していた。
13 **鼓笛**隊を先頭に行進する。
14 結局は**淡**い期待に終わった。
15 二人は**堅**い約束をかわした。
16 思い出が**鮮**やかによみがえった。
17 大勢の人がデマに**惑**わされた。
18 こんもりとよく**茂**った森だ。

6 漢字の読み 6

出る順 ランクA

合格 13/18

得点

◆次の――線の読みをひらがなで書きなさい。

□ 1 好調の波に乗って躍進をとげた。

□ 2 白雪に輝くアルプスの連峰を望む。

□ 3 後始末は敏速に行って下さい。

□ 4 名優の迫力ある演技に感動した。

□ 5 十月の中旬に運動会があった。

□ 6 観光バスの添乗員に案内してもらう。

□ 7 山間の村は濃霧に包まれていた。

□ 8 物価が天井知らずに上がっている。

□ 9 観客の拍手に迎えられて登場した。

□ 10 駅前に新しく店舗を設けた。

□ 11 守備範囲の広い外野手だ。

□ 12 不意の停電で会場は騒然となった。

□ 13 取り扱いは慎重にお願いします。

□ 14 小屋を取り壊してガレージにする。

□ 15 秋の遠足で芋掘りに行った。

□ 16 レモンはビタミンCを多く含む。

□ 17 日が西に傾いて影も長くなった。

□ 18 包丁の切れ味が鈍ってきた。

7 漢字の書き 1

出る順 ランクA

合格 11/15

得点

◆次の――線のカタカナを漢字に直しなさい。

□ 1 社長にシュウニンすることが決まった。

□ 2 むだ使いしないでシッソな生活を送る。

□ 3 被災した友人のアンピを尋ねる。

□ 4 先輩からキチョウな助言をもらった。

□ 5 パイロットがソウジュウ席に着いた。

□ 6 腕とドキョウはだれにも負けない。

□ 7 結婚した二人をシュクフクする。

□ 8 学生時代はエンゲキ部で活躍した。

□ 9 妙案を得てソウキュウに解決できた。

□ 10 机の上に書類がサンランしている。

□ 11 弓を引きしぼって矢をイる。

□ 12 言うことはヤサしいが実行は難しい。

□ 13 体調が悪くショクヨクがない。

□ 14 各人のコトなる意見を聞いて回る。

□ 15 紫外線よけのメガネを買った。

1	2	3	4	5	6	7	8	9	10	11	12	13	14	15

8 漢字の書き 2

出る順 ランク A

合格 11/15

得点

◆次の――線のカタカナを漢字に直しなさい。

1 来月に株主総会をショウシュウする。
2 不用意な一言がボケツを掘った。
3 少年が大活躍するツウカイな物語だ。
4 古くからのメイシンにとらわれない。
5 村の古老に地名のユライを聞いた。
6 試合に備えて練習をキョウカする。
7 アメリカへ語学リュウガクする。
8 久しぶりにキョウリの土を踏んだ。
9 国際会議のツウヤクを引き受けた。
10 時間をかけてメンミツな計画を立てる。
11 就職は人生の大きなフシメである。
12 スポーツ活動のサカんな学校だ。
13 勇気をフルい起こして立ち向かう。
14 学業を終えて社会にスダつ。
15 若手作家としてトウカクを現す。

9 漢字の書き 3

出る順 ランクA

合格 11／15

得点

◆次の——線のカタカナを漢字に直しなさい。

1 遊園地でカンラン車に乗った。
2 高層ケンチクが林立するビル街だ。
3 大きくコキュウして息を整える。
4 野外活動にはサイテキの季節だ。
5 お便りをハイケン致しました。
6 連絡があるまでタイキしている。
7 国王はミンシュウの支持を得た。
8 選挙でゲンショクの大臣が落選した。
9 詩集を自費でシュッパンする。
10 人気店の前にギョウレツができる。
11 軒先を借りてアマヤドりをした。
12 ドキョウがすわり立派な態度だ。
13 すんでにアブない目にあう所だった。
14 行進の隊列がミダれてきた。
15 車が何台もツラなっている。

10 漢字の書き 4

出る順 ランク A

合格 11/15

得点

◆次の――線のカタカナを漢字に直しなさい。

□ 1 景気の先行きをヨソクする。
□ 2 自転車事故でジュウショウを負う。
□ 3 的確なヒヒョウに満足している。
□ 4 コーヒーにサトウを加える。
□ 5 人口のゲンショウが止まらない。
□ 6 自動車のモケイを集めている
□ 7 問題は思いの外ヨウイに解決した。
□ 8 急な出来事でリンジに会議を開く。
□ 9 非常用の食料をチョゾウしている。
□ 10 新しいコウシャが完成する。
□ 11 ヒタイに汗して働く。
□ 12 仕事に情熱をモやして取り組む。
□ 13 駅前に案内所をモウける。
□ 14 夕日が西空を赤くソめている。
□ 15 長い髪を束ねてうしろに夕らす。

11 漢字の書き 5

出る順 ランクA

合格 11/15

得点

◆次の――線のカタカナを漢字に直しなさい。

1 父の趣味はハイクをよむことだ。
2 行政機構のカイカクに取り組む。
3 大会記録をジュリツした。
4 車がコショウしたので電車で行く。
5 学習会のコウシを引き受けた。
6 意地の悪いドクゼツをふるう人だ。
7 現時点では準備のダンカイだ。
8 年齢別人口のトウケイを取る。
9 旅行のヒヨウを積み立てる。
10 他人のリョウイキに入るな。
11 お祝いのハナタバが届いた。
12 的に向かって矢をハナった。
13 商店街で魚屋をイトナんでいる。
14 これは思わぬヒロい物だ。
15 信頼をウラギることはない。

12 漢字の書き 6

出る順 ランクA

合格 11／15

得点

◆次の――線のカタカナを漢字に直しなさい。

□ 1 かなりのジュクレンを要する仕事だ。
□ 2 休日の遊園地はコンザツしていた。
□ 3 理屈よりもジッセキがものをいう。
□ 4 地域産業の振興をスイシンする。
□ 5 決意はコウテツよりも固い。
□ 6 無理をショウチでお願いをした。
□ 7 父のイサンを受け継いだ。
□ 8 内容をアッシュクして要約する。
□ 9 オンセンにつかり疲れをいやす。
□ 10 生命のシンピを解き明かす。
□ 11 来客をテアツくもてなす。
□ 12 店頭にマネきネコを飾っている。
□ 13 無実が判明してウタガいは晴れた。
□ 14 技術の進歩はメザましい。
□ 15 巨万の富をキズいた人だ。

13 同音・同訓異字 1

出る順 ランクA

合格 11/15

得点

◆次の――線のカタカナにあてはまる漢字をそれぞれア～オから選び、記号を□に記入しなさい。

1 裁判所は和解をカン告した。
2 味付けにカン味料を使用する。
3 恩師を囲んでカン談した。
（ア汗　イ甘　ウ歓　エ勧　オ乾）

4 書類の記サイ事項を確かめる。
5 会社の事務員にサイ用された。
6 部長の決サイが下りた。
（ア採　イ歳　ウ裁　エ載　オ彩）

7 二つの会社の社長をケン務している。
8 外交使節を海外に派ケンした。
9 当初からの方針をケン持する。
（ア兼　イ堅　ウ軒　エ遣　オ権）

10 銀行で残高をショウ会する。
11 両親に友人をショウ介した。
12 長年の努力をショウ賛する。
（ア招　イ紹　ウ照　エ詳　オ称）

13 警察官が現場にカけ付けた。
14 友人からノートをカりた。
15 畑の雑草をカり取った。
（ア狩　イ駆　ウ飼　エ刈　オ借）

14 同音・同訓異字 2

出る順 ランクA

合格 11／15

得点

◆次の――線のカタカナにあてはまる漢字をそれぞれア～オから選び、記号を□に記入しなさい。

1 原料は外国にイ存している。
2 元気でイ勢のよいかけ声だ。
3 世界的なイ業を成しとげた。
（ア威　イ移　ウ維　エ偉　オ依）

4 歓迎パーティーはセイ会だった。
5 何事にもセイ意をもって当たる。
6 ヒマラヤの山頂をセイ服した。
（ア成　イ誠　ウ盛　エ征　オ姓）

7 不当な要求だとテイ抗した。
8 観光船が港にテイ泊している。
9 視察旅行の日テイが発表された。
（ア抵　イ底　ウ低　エ停　オ程）

10 今年もコウ例の花火大会があった。
11 激しいコウ防戦が展開された。
12 プール横のコウ衣室で着替える。
（ア恒　イ更　ウ攻　エ功　オ交）

13 山の雪もトけて春がきた。
14 やっと難問がトけた。
15 物事の道理をトいて聞かせる。
（ア留　イ溶　ウ説　エ解　オ止）

15 同音・同訓異字 3

出る順 ランクA

合格 11/15

得点

◆次の――線のカタカナにあてはまる漢字をそれぞれア～オから選び、記号を□に記入しなさい。

1 期待以上の成績にキョウ嘆した。
2 全体に及ぼす影キョウは大きい。
3 推移する状キョウの変化に対応する。
（ア競　イ驚　ウ狂　エ響　オ況）

4 山すそのセン状地に集落がある。
5 利益を独センしてはいけない。
6 当時のことをセン明に覚えている。
（ア占　イ専　ウ扇　エ鮮　オ宣）

7 パソコンが一般家庭にフ及した。
8 新たな課題がフ上してきた。
9 橋脚の鉄骨がフ敗してきた。
（ア怖　イ腐　ウ富　エ普　オ浮）

10 完成にはキョ額の資金を要した。
11 農村部をキョ点に活動している。
12 賛同を得て課題は一キョに解決した。
（ア巨　イ距　ウ拠　エ許　オ挙）

13 思いがけない困難にツき当たった。
14 やっと定職にツくことができた。
15 口先だけでは言いツくせない。
（ア継　イ突　ウ就　エ尽　オ付）

16 漢字識別 1

出る順 ランク A

合格 11/15

得点

◆次の1～5の三つの□に共通する漢字を入れて熟語を作りなさい。漢字は下のア～コから選び、記号を□に記入しなさい。

(1)

1 □認・暗□・□秘

2 □圧・□厳・権□

3 痛□・猛□・鮮□

4 □動・狂□・物□

5 □新・変□・□衣室

ア 革　イ 烈　ウ 弾　エ 快　オ 更　カ 是　キ 躍　ク 黙　ケ 騒　コ 威

(2)

1 □感・機□・□腕

2 □願・□存・□頼

3 脱□・売□・□下

4 結□・□出・□骨

5 □反・相□・□和感

ア 露　イ 祈　ウ 鈍　エ 違　オ 依　カ 退　キ 束　ク 敏　ケ 却　コ 離

(3)

1 舞□・雑□・□査

2 □縮・□淡・□霧

3 □納・徴□・□益

4 □鋭・□彩・□根

5 □密・木□・□菓子

ア 綿　イ 恐　ウ 精　エ 収　オ 有　カ 踊　キ 奉　ク 踏　ケ 純　コ 濃

17

漢字識別 2

出る順 ランク A

合格 11/15

得点

◆次の1～5の三つの□に共通する漢字を入れて熟語を作りなさい。漢字は下のア～コから選び、記号を□に記入しなさい。

(1)

1 追□・□第・普□

2 □助・□角・交□

3 □礼・行□・□式

4 □業・□査・□回

5 至□・□限・□楽

ア	イ	ウ	エ	オ	カ	キ	ク	ケ	コ
儀	援	及	極	巡	互	就	難	婚	突

(2)

1 先□・□正・突□

2 有□・□率・機□

3 寝□・□下・起□

4 指□・□発・□出

5 □襲・□数・好□心

ア	イ	ウ	エ	オ	カ	キ	ク	ケ	コ
摘	頭	奇	殿	効	能	端	揮	床	踏

(3)

1 回□・□難・退□

2 □息・感□・□願

3 奮□・□志・□争

4 □力・□圧・爆□

5 極□・招□・□命傷

ア	イ	ウ	エ	オ	カ	キ	ク	ケ	コ
致	嘆	想	秘	威	吐	戦	避	闘	弾

18 熟語の構成 1

出る順 ランク A

合格 14/20

得点

熟語の構成のしかたには、次のようなものがある。

ア　同じような意味の漢字を重ねたもの（岩石）
イ　反対または対応の意味を表す字を重ねたもの（高低）
ウ　上の字が下の字を修飾しているもの（洋画）
エ　下の字が上の字の目的語・補語になっているもの（着席）
オ　上の字が下の字の意味を打ち消しているもの（非常）

◆次の熟語は右のア〜オのどれにあたるか記号で答えなさい。

1 握手
2 起床
3 光輝
4 自他
5 鮮魚
6 着脱
7 不屈
8 濃淡
9 黙認
10 腕力

11 安眠
12 求婚
13 功罪
14 執筆
15 送迎
16 長髪
17 拍手
18 舞踊
19 無恥
20 劣悪

19 熟語の構成 2

出る順 ランクA

合格 14/20

得点

熟語の構成のしかたには、次のようなものがある。

ア　同じような意味の漢字を重ねたもの　（岩石）
イ　反対または対応の意味を表す字を重ねたもの　（高低）
ウ　上の字が下の字を修飾しているもの　（洋画）
エ　下の字が上の字の目的語・補語になっているもの　（着席）
オ　上の字が下の字の意味を打ち消しているもの　（非常）

◆次の熟語は右のア〜オのどれにあたるか記号で答えなさい。

1 違反
2 強豪
3 攻防
4 就寝
5 増減
6 珍奇
7 抜群
8 不眠
9 優劣
10 獲得

11 微量
12 禁煙
13 荒野
14 首尾
15 耐震
16 追跡
17 繁茂
18 補欠
19 遊戯
20 乾季

20 部首 1

出る順 ランクA

合格 10/14

得点

◆次の漢字の部首をア～エから選び、記号を記入しなさい。

□ 1 影（ア 日　イ 亠　ウ 彡　エ 小）

□ 2 壱（ア 十　イ 士　ウ 冖　エ 匕）

□ 3 窓（ア 宀　イ 厶　ウ 穴　エ 心）

□ 4 戯（ア 戈　イ 弋　ウ ノ　エ 虍）

□ 5 趣（ア 耳　イ 又　ウ 土　エ 走）

□ 6 是（ア 日　イ 曰　ウ ト　エ 人）

□ 7 尾（ア 丿　イ 厂　ウ 尸　エ 毛）

□ 8 療（ア 大　イ 日　ウ 小　エ 疒）

□ 9 却（ア 十　イ 土　ウ 厶　エ 卩）

□ 10 圏（ア 囗　イ ⺍　ウ 大　エ 巳）

□ 11 載（ア 土　イ 車　ウ 戈　エ 曰）

□ 12 脚（ア 月　イ 土　ウ 厶　エ 卩）

□ 13 堅（ア 匚　イ 臣　ウ 土　エ 又）

□ 14 秀（ア 丿　イ 禾　ウ 木　エ 十）

21 部首 2

出る順 ランク A

合格 10/14

得点

◆次の漢字の部首をア〜エから選び、記号を記入しなさい。

1 扇（ア 一　イ 尸　ウ 戸　エ 羽）
2 殿（ア 尸　イ 几　ウ 又　エ 殳）
3 霧（ア ⻗　イ 矛　ウ 夂　エ 力）
4 戒（ア 一　イ 廾　ウ 戈　エ 弋）
5 響（ア 乡　イ 音　ウ 阝　エ 艮）
6 敷（ア 十　イ 日　ウ 方　エ 攵）
7 警（ア 艹　イ 攵　ウ 馬　エ 言）
8 突（ア 宀　イ 八　ウ 穴　エ 大）
9 奥（ア 大　イ 丿　ウ 冂　エ 米）
10 傾（ア 匕　イ 亻　ウ 頁　エ 八）
11 床（ア 亠　イ 厂　ウ 木　エ 广）
12 噴（ア 口　イ 十　ウ 艹　エ 貝）
13 畳（ア 日　イ 田　ウ 冖　エ 目）
14 致（ア 攵　イ 至　ウ 二　エ 土）

22 対義語・類義語 1

出る順 ランクA

合格 14／20

得点

◆次の□内に入る適切な語を、後の［　］の中から必ず一度選んで漢字に直し、対義語・類義語を作りなさい。

対義語

1 起床－□寝
2 加入－脱□
3 決定－保□
4 需要－供□
5 油断－□戒
6 返却－□用
7 末尾－冒□
8 薄弱－強□
9 却下－□理
10 継続－中□

類義語

11 推量－憶□
12 変更－□定
13 土台－□盤
14 対等－互□
15 反撃－□襲
16 追憶－回□
17 近隣－周□
18 応援－加□
19 手腕－□量
20 本気－□剣

かい・かく・き・ぎ・ぎゃく・きゅう・けい・こ・しゃく・しゅう・じゅ・しん・せい・そう・そく・たい・だん・とう・へん・りゅう

23 対義語・類義語 2

出る順 ランクA

合格 14/20

得点

◆次の□内に入る適切な語を、後の□□の中から必ず一度選んで漢字に直し、対義語・類義語を作りなさい。

対義語

1 分離 ― □合

2 劣悪 ― □良

3 複雑 ― 単□

4 利益 ― □失

5 老齢 ― □年

6 容易 ― 困□

7 軽率 ― 慎□

8 攻撃 ― □御

9 回避 ― □面

10 反抗 ― 服□

類義語

11 及第 ― 合□

12 前途 ― □来

13 非凡 ― 抜□

14 周到 ― □密

15 運搬 ― □送

16 手本 ― □範

17 備蓄 ― 貯□

18 手柄 ― □績

19 風刺 ― 皮□

20 薄情 ― □淡

かく・ぐん・けつ・こう・じゅう・じゅん・しょう・ぞう・そん・ちょう・ちょく・なん・にく・ぼう・めん・も・ゆ・ゆう・よう・れい

24 漢字と送りがな 1

出る順 ランクA

合格 11／15

得点

◆次の――線のカタカナを漢字一字と送りがな（ひらがな）に直しなさい。

〈例〉 門をアケル。 開ける

1 医師をココロザシて医学部に進む。
2 あまりコマカイことは気にしない。
3 上司の命令にシタガウ。
4 机の上がチラカッている。
5 いつになくケワシイ顔つきだ。
6 突然、ハゲシイ風雨に見舞われた。
7 手を合わせて仏をオガンだ。
8 ようやくサガシ物が見つかった。
9 優勝をイワッて乾杯する。
10 規則をアラタメて一から出直す。
11 楽しいカタライのひと時だった。
12 チャンスはフタタビ訪れた。
13 足取りもカロヤカニ帰宅した。
14 気だてのヤサシイ人だ。
15 国境に山々がツラナッている。

25 漢字と送りがな 2

出る順 ランク A

合格 11/15

得点

◆次の――線のカタカナを漢字一字と送りがな（ひらがな）に直しなさい。

〈例〉 門をアケル。 開ける

1 たいへんノゾマシイ結果が出た。
2 雪で道路がすべってアブナイ。
3 決勝戦でヤブレてしまった。
4 友人の知恵をカリルことにした。
5 決意をアラタニして出直す。
6 失敗を恐れず何度もココロミル。
7 名月が夜空をテラシている。
8 十人分あればタリルだろう。
9 熱湯を少しサマシて茶をいれる。
10 大軍をヒキイて攻め込んできた。
11 庭でオサナイ坊やが遊んでいた。
12 久し振りに友の家をオトズレた。
13 おまじないを何度もトナエル。
14 舞台経験のユタカナ役者だ。
15 結果は火を見るよりもアキラカダ。

1	2	3	4	5	6	7	8	9	10	11	12	13	14	15

26 四字熟語 1

出る順 ランクA

合格 12／16

得点

◆文中の四字熟語の――線のカタカナを漢字に直しなさい。□に一字記入しなさい。

1 初対面で二人は意気トウ合した。
2 両国は一触即ハツの状態にある。
3 勝利を収めてキ色満面だった。
4 思慮分ベツに欠ける行動だ。
5 退職して晴耕雨ドクの毎日だ。
6 何事にも付和雷ドウする性格だ。
7 起ショウ転結の整った文章だ。
8 難題を抱えて悪戦ク闘している。
9 すべての疑惑がウン散霧消した。
10 自然が豊かな山シ水明の地だ。
11 七難ハクに耐えて栄光をつかむ。
12 いつもセイ天白日の心境でありたい。
13 適ザイ適所の人事で成功した。
14 一心不ランに制作にはげむ。
15 だれもがイ口同音に反対した。
16 冬の天候は三カン四温と言われる。

27

四字熟語 2

出る順 ランクA

合格 12/16

得点

◆文中の四字熟語の――線のカタカナを漢字に直しなさい。□に一字記入しなさい。

□ 1 趣味と実益を兼ねて一キョ両得だ。

□ 2 オン故知新の心構えで古典を学ぶ。

□ 3 それでは我田イン水に過ぎない。

□ 4 まさに好キ到来と一気に攻め込んだ。

□ 5 古コン東西に類を見ない名品だ。

□ 6 何を言われても馬ジ東風と聞き流す。

□ 7 健康のために頭カン足熱を心がける。

□ 8 完全無ケツのヒーローが主役だ。

□ 9 研究はまだ五リ霧中の状態だ。

□ 10 思い切ってタン刀直入に質問した。

□ 11 事故原因は注意サン漫な運転だった。

□ 12 しばらく沈思黙コウして決断した。

□ 13 要領を得たロン旨明快な文章だ。

□ 14 悪の一味を一網ダ尽にした。

□ 15 不用意な一言が疑心アン鬼を招いた。

□ 16 将来を期待する前途有ボウな青年だ。

1	2	3	4	5	6	7	8	9	10	11	12	13	14	15	16

28

四字熟語 3

出る順 ランクA

合格 12/16

得点

◆文中の四字熟語の――線のカタカナを漢字に直しなさい。□に一字記入しなさい。

1 馬の群が一ボウ千里の草原を駆ける。

2 あまりの苦しさに七テン八倒した。

3 人跡ミ踏の秘境を探検した。

4 ことの是非ゼン悪を明らかにする。

5 絶タイ絶命の大ピンチだ。

6 地味な努力家で大キ晩成の人だ。

7 電光石カの早業に息をのんだ。

8 どれを選んでみても大同小イだ。

9 薄リ多売の商法で客を集める。

10 先方の美ジ麗句に惑わされた。

11 強敵を相手に力戦フン闘した。

12 遊びを優先するとは本マツ転倒だ。

13 優柔不ダンで好機を逃がした。

14 祖父は不ゲン実行をつらぬいた。

15 反論を理路セイ然と述べた。

16 ホウ年満作を祝う村祭りだ。

29 誤字訂正 1

出る順 ランクA

合格 7/10

得点

◆次の各文にまちがって使われている同じ読みの漢字が一字あります。上に誤字を、下に正しい漢字を記しなさい。

		誤	正
1	地球環境をテーマに温暖化問題を議題として、主要国首能会議が開かれた。		
2	お買い上げの後は冷蔵庫で補存して消費期限内にお召し上がり下さい。		
3	母校の後輩が本領を発輝して、県大会で見事に優勝を飾ることができた。		
4	新商品の需要急増を見込んで工場の生産ラインを見直し、接備を増強した。		
5	小惑星から微小物体を載取するための探査機が予定どおり発射された。		
6	世界各国の多種多用な伝統や文化に対して理解を深めるように努める。		
7	古い歴史を持つ市街の景観を保全するために建物の高さを制元する。		
8	結論を急ぐよりも、慎重に検当を重ねる方が問題解決の近道になる。		
9	資源保護の一助として古新聞などが回集され、再生紙として活用される。		
10	谷間の清流に添って上ると、原生林の茂みが濃い日陰を作っていた。		

30 誤字訂正 2

出る順 ランクA

合格 7/10

得点

◆次の各文にまちがって使われている同じ読みの漢字が一字あります。上に誤字を、下に正しい漢字を記しなさい。

	誤	正
□ 1 医療・救護活動など、災害時に必要な対作が協議会で議論されている。		
□ 2 適切な情報を選び出して活用するには、経験に基づく的確な反断力が必要だ。		
□ 3 情報の流出を防ぐことを考慮したパソコンの新成品が相次いで登場した。		
□ 4 気象庁の与測をはるかに上回る量の雨が降り、床下浸水などの被害が出た。		
□ 5 国民体育大会は各種スポーツの普及や競技場等、施設の製備に寄与してきた。		
□ 6 幹線道路の復旧作業が進み、被災地に向けて給援物資の輸送が始まった。		
□ 7 後任の会長が決定して新執行部が誕生したことで、今後の活躍が希待される。		
□ 8 近隣諸国との友好関係を保つことは外交政策における基本的な科題だ。		
□ 9 事業の格張に先立って多角的な視点から計画の基本的な調査に入った。		
□ 10 理屈で物を考えるよりも、直感で決める方が的を居ている場合がある。		

31 漢字の読み 7

出る順 ランク B

合格 13／18

得点

◆次の――線の読みをひらがなで書きなさい。

□ 1 儀式にのっとって式典が開かれる。

□ 2 同姓同名の人に出会う。

□ 3 二校の講師を兼務している。

□ 4 諸般の事情を考慮して決める。

□ 5 一人荒野を行く。

□ 6 雷鳴が夜の静寂を破った。

□ 7 不純物の含有を検査する。

□ 8 大地震の恐怖におののく。

□ 9 見事なまでに意見が合致する。

□ 10 旬の食材を使って料理を作る。

□ 11 微力ながらお手伝いします。

□ 12 カキの養殖で有名な地方だ。

□ 13 先例に鑑みて行動する。

□ 14 質問の矛先が向けられた。

□ 15 今は病気との闘いの日々だ。

□ 16 名月が雲に隠れてしまった。

□ 17 巣穴に食料を蓄えて越年する。

□ 18 朝からよい日和の一日だった。

32 漢字の読み 8

出る順 ランクB

合格 13／18

得点

◆次の——線の読みをひらがなで書きなさい。

□ 1 中学校は皆勤で卒業した。

□ 2 早めに危険を察知して回避する。

□ 3 コップ一杯の酒を飲み干す。

□ 4 交通事故を目撃する。

□ 5 料理に自慢の腕を振るった。

□ 6 旅館までは送迎バスを利用した。

□ 7 出展作品は観覧者から称賛を浴びた。

□ 8 神社に樹齢百年の大木がある。

□ 9 両者の実力は互角だと言われている。

□ 10 ネコは警戒心の強い動物である。

□ 11 不景気で工場は休眠状態である。

□ 12 会計上の不正が摘発された。

□ 13 あまい菓子には目がない。

□ 14 あまりの寒さに身体が震える。

□ 15 よく乾いたタオルで洗い髪をふく。

□ 16 仕事の鬼になって働き通した。

□ 17 故郷に帰って盆踊りを見に行った。

□ 18 今日は珍しく家にいるそうです。

33 漢字の読み 9

出る順 ランクB

合格 13/18

得点

◆次の――線の読みをひらがなで書きなさい。

□ 1 現地での調査を**依頼**された。

□ 2 父の**縁故**を頼って上京した。

□ 3 久しぶりの再会で**感涙**にむせぶ。

□ 4 うかつにも**甘言**に乗せられた。

□ 5 相手は**極端**なことを言う人だ。

□ 6 世相が**投影**された映画だ。

□ 7 警察に**盗難**届けを出した。

□ 8 階段でつまずいて**転倒**した。

□ 9 風景**描写**に優れた画家だ。

□ 10 正門は**閉鎖**されていた。

□ 11 室内の**壁面**に絵を飾る。

□ 12 有能な人材が**輩出**された。

□ 13 危ういところで難を**逃**れた。

□ 14 親の意向に**背**くことはない。

□ 15 日本一の高さを**誇**るビルが建つ。

□ 16 将来が**頼**もしい好青年だ。

□ 17 生まれ故郷を**恋**しく思う。

□ 18 七分**咲**きの桜も来週は満開だ。

34 漢字の読み 10

出る順 ランクB

合格 13/18

得点

◆次の――線の読みをひらがなで書きなさい。

1 事件への関与を疑われる。
2 謡曲にあわせて能楽が舞われた。
3 柔道の練習に明けくれる。
4 人はだれも自然の恩恵を受けている。
5 不法行為を見逃さない。
6 選手のねばり強さには驚嘆した。
7 多事多難で苦悩の一年だった。
8 事件の当事者に釈明を求める。
9 不景気で販売不振におちいる。
10 売れ行き好調で多忙な毎日だ。
11 小説の草稿を出版社に渡した。
12 脱帽して神前に一礼した。
13 目も当てられない大惨事となった。
14 手に汗を握る熱戦だった。
15 夜空に輝く星を見上げる。
16 急な知らせを聞いて駆け出した。
17 あまりの怖さに叫び声を上げた。
18 歌声が会場に響き渡る。

35 漢字の読み 11

出る順 ランクB

合格 13/18

得点

◆次の――線の読みをひらがなで書きなさい。

1 室内**装飾**用の美術品を買った。

2 胸の辺りに**鈍痛**を感じた。

3 **販路**を拡大して業績を上げた。

4 薬剤で**皮膚**の荒れを防止する。

5 昨年と**比較**して今年は暑い。

6 健康食品の**需要**が増えている。

7 大型台風の**襲来**に備える。

8 昔の一円は今の千円に**匹敵**する。

9 身のこなしの**優雅**な女性だ。

10 注意**散漫**はけがのもと。

11 特売場は予想外の**盛況**だった。

12 将来は**薬剤師**を目指す。

13 **唐突**な話なので即答を避けた。

14 今からではもう**遅**い。

15 幼児がお絵**描**きをしている。

16 各分野に**幅**広く活躍している。

17 人の話は**黙**って聞きなさい。

18 将来が頼もしい**若人**だ。

36 漢字の読み 12

出る順 ランクB

合格 13/18

得点

◆次の――線の読みをひらがなで書きなさい。

1 各人が到達目標を決めてがんばる。
2 扇状地に果樹園が広がっている。
3 隣人とのつきあいに気を遣う。
4 今年の夏は全般的に暑かった。
5 脂肪分をひかえた食事を心がける。
6 会社の浮沈にかかわる大問題だ。
7 禁止事項に抵触するので止めておく。
8 温泉旅行で余暇を楽しむ。
9 状況に応じて弾力的に対処する。
10 体調不良でチームから離脱した。
11 パソコンは一般に普及している。
12 違法行為で処罰を受けた。
13 学校に多くの本を寄贈する。
14 馬が驚いて跳ね上がった。
15 相手は肩を怒らせてやってきた。
16 腕を絡めて仲良く歩く。
17 ついに優勝戦線に躍り出た。
18 島々を巡る観光船に乗った。

37 漢字の書き 7

出る順 ランクB

合格 11／15

得点

◆次の――線のカタカナを漢字に直しなさい。

□ 1 総会の案内にオウフクはがきを使う。
□ 2 厳しい生存キョウソウの世界だ。
□ 3 予算案のコッカクはでき上がった。
□ 4 第一シボウの学校に合格した。
□ 5 国会でホウリツが制定される。
□ 6 新製品のテンジ即売会がある。
□ 7 後継者のイクセイにつとめる。
□ 8 秋には稲がコガネ色に実る。
□ 9 キソク正しい生活をしている。
□ 10 書類にショメイして印を押した。
□ 11 夢の中に秘密のハナゾノがある。
□ 12 全員に仕事をワリ当てる。
□ 13 何事もスジガき通りにはいかない。
□ 14 やっと新しい職場にナれてきた。
□ 15 本屋にヨって雑誌を買った。

38 漢字の書き 8

出る順 ランク B

合格 11/15

得点

◆次の——線のカタカナを漢字に直しなさい。

□ 1 会場の案内係をタントウする。

□ 2 いやなことはイッサイ忘れた。

□ 3 熱を出した妹をカンビョウする。

□ 4 天候不良で試合はエンキされた。

□ 5 賞をとったエイガを見に行く。

□ 6 初任者に仕事のサシズをする。

□ 7 万葉の名歌を高らかにロウドクした。

□ 8 むだな経費をセツヤクする。

□ 9 道路が大幅にカクチョウされた。

□ 10 軽くて暖かいウモウふとんだ。

□ 11 今がシオドキと見て席を立った。

□ 12 柔道着のオビをしめ直す。

□ 13 定年までホネミをおしまず働いた。

□ 14 笑ってスませる話ではない。

□ 15 親からサズかった大切な命だ。

39 漢字の書き 9

出る順 ランクB

合格 11／15

得点

◆次の――線のカタカナを漢字に直しなさい。

1 母校はソウリツ百周年を迎える。
2 大地震で国道がスンダンされた。
3 事故を聞いてシキュウに手配した。
4 テレビでの宣伝はコウカがあった。
5 自動車のユシュツが好調だ。
6 腕に予防チュウシャを受けた。
7 合唱祭での発表をロクオンする。
8 不思議な黒いエキタイを検査する。
9 病後はカゲキな運動を避ける。
10 バイオリンの澄んだネイロだ。
11 線路にソって南下してください。
12 青色の洋服をコノんで着る。
13 横浜をヘて東京に至る。
14 意見のある人のキョシュを求める。
15 じゃがいもがハッガし始める。

40 漢字の書き 10

出る順 ランクB

合格 11/15

得点

◆次の――線のカタカナを漢字に直しなさい。

□ 1 スイセントイレが普及した。

□ 2 議場がコンランして休会となった。

□ 3 身にキケンが迫るのを感じた。

□ 4 手続きをカンベンな方法に改める。

□ 5 『あとがき』をカンマツに記す。

□ 6 ピアノとバイオリンでガッソウした。

□ 7 店はイリョウ品を扱っている。

□ 8 海外に渡航してシヤを広げる。

□ 9 不必要な部分はショウリャクする。

□ 10 突然のテイデンで真っ暗になった。

□ 11 恐怖で身体がコキザみに震えた。

□ 12 卒業式でトウジを読む。

□ 13 朝の光がマドベに差していた。

□ 14 料理をガラスのショッキに盛り付ける。

□ 15 冷水を一気に飲みホした。

1	2	3	4	5	6	7	8	9	10	11	12	13	14	15

41

漢字の書き 11

出る順 ランク B

合格 11／15

得点

◆次の――線のカタカナを漢字に直しなさい。

1 本番で実力をハッキした。
2 野菜を市場にシュッカする。
3 兄弟にキントウに分け与えた。
4 踏切のケイホウ機が鳴っている。
5 人間の主食となる食材をコクモツと言う。
6 駅までのリャクズを書いて渡した。
7 冬のカンキが南下している。
8 トレーニングでキンニクをきたえる。
9 寺や神社をサンサクする。
10 長雨でカセンが増水している。
11 一面にハイイロの曇り空だ。
12 店に季節のクダモノが並んでいる。
13 勉強机を窓ぎわへウツす。
14 絶好のチャンスがオトズれた。
15 舌触りのよいキヌごし豆腐だ。

42 漢字の書き 12

出る順 ランクB

合格 11/15

得点

◆次の——線のカタカナを漢字に直しなさい。

1 与えられた職務にセンネンする。
2 壊れたコップのハヘンを集める。
3 不信任を受けてナイカクが総辞職する。
4 よくケントウした上で返事します。
5 国税は国庫にシュウノウされる。
6 彼は学校中のキョウミの的だ。
7 九回裏でギャクテン勝ちをした。
8 本番を前にシンゾウが高鳴る。
9 観光地で旅館をケイエイしている。
10 災害地にキュウゴ隊が駆けつけた。
11 家で子犬を三匹カっている。
12 故郷の母からコヅツミが届いた。
13 大柄の花模様をオり成す。
14 火に油をソソぐようなものだ。
15 幼いチノみ子を抱えている。

43 同音・同訓異字 4

出る順 ランクB

合格 11/15

得点

◆次の――線のカタカナにあてはまる漢字をそれぞれア～オから選び、記号を□に記入しなさい。

1 景気の回復にハク車がかかる。
2 広く好評をハクした展覧会だった。
3 和太鼓のハク力ある演奏だ。
（ア博　イ薄　ウ泊　エ拍　オ迫）

4 要点をカ条書きでまとめる。
5 新鮮な果物を市場に出カする。
6 無事に難関を通カした。
（ア加　イ箇　ウ過　エ暇　オ荷）

7 強敵に対してトウ志を燃やす。
8 選挙は圧トウ的な得票で勝利した。
9 あまりにもトウ突な質問だ。
（ア倒　イ到　ウ唐　エ闘　オ討）

10 厳しい批ハンを浴びる。
11 景気回復で社会がハン栄する。
12 コーチが先に模ハン演技を示した。
（ア班　イ判　ウ範　エ版　オ繁）

13 耳をスまして鳥の声を聞く。
14 今日は仕事が早くスんだ。
15 川底がスけて見える清流だ。
（ア住　イ透　ウ済　エ澄　オ好）

44 同音・同訓異字 5

出る順 ランク B

合格 11/15

得点

◆次の——線のカタカナにあてはまる漢字をそれぞれア～オから選び、記号を□に記入しなさい。

1 刀剣のカン定を専門家に依頼した。
2 病院のカン護師に相談する。
3 要点をカン潔に説明した。
（ア 簡　イ 看　ウ 鑑　エ 監　オ 環）

4 地場産業のシン興を呼びかける。
5 取り扱いにはシン重を期する。
6 留守中に何者かが家にシン入した。
（ア 震　イ 振　ウ 浸　エ 侵　オ 慎）

7 負傷者のカイ抱に当たる。
8 増水した川の警カイに当たる。
9 警備の見直しで不安がカイ消した。
（ア 戒　イ 皆　ウ 介　エ 解　オ 改）

10 功労賞の栄ヨを受けた。
11 遺伝子の研究にヨ念がない。
12 世界平和に寄ヨする。
（ア 予　イ 誉　ウ 与　エ 余　オ 預）

13 討論を終えて決をトった。
14 絶好のチャンスをトり逃がした。
15 合唱団の指揮をトる。
（ア 執　イ 採　ウ 問　エ 捕　オ 取）

45 同音・同訓異字 6

出る順 ランクB

合格 11/15

得点

◆次の――線のカタカナにあてはまる漢字をそれぞれア～オから選び、記号を□に記入しなさい。

1 会議のボウ頭に基本方針を述べた。
2 初めて市議会をボウ聴した。
3 事件の後始末にボウ殺される。
(ア坊　イ冒　ウ忙　エ亡　オ傍)

4 運動会を十月の中ジュンに予定する。
5 警備員が夜間のジュン回をしている。
6 花火大会は雨天ジュン延とする。
(ア旬　イ巡　ウ準　エ順　オ盾)

7 大学で世界史を専コウした。
8 当初の予定を変コウします。
9 クラス対コウのリレーに出た。
(ア功　イ効　ウ攻　エ抗　オ更)

10 背水のジンを敷いて戦う。
11 ジン常な手段では解決できない。
12 地域の発展のためにジン力する。
(ア尽　イ尋　ウ陣　エ仁　オ人)

13 何度も念をオしたはずだ。
14 相手の気持ちをオし量る。
15 一仕事をオえて休みをとる。
(ア追　イ押　ウ推　エ降　オ終)

46 漢字識別 3

出る順 ランクB

合格 11／15

得点

◆次の1〜5の三つの□に共通する漢字を入れて熟語を作りなさい。漢字は下のア〜コから選び、記号を□に記入しなさい。

(1)

1 淡□・精□・異□

2 □動・不□・□興

3 軽□・□温・□弱

4 □賛・愛□・仮□

5 温□・□歌・日□

ア 泊	ウ 和	オ 称	キ 運	ケ 彩
イ 振	エ 暖	カ 絶	ク 微	コ 薄

(2)

1 退□・□服・□指

2 打□・□退・目□

3 □務・□念・□着

4 □礼・未□・□約

5 寄□・□与・□答品

ア 倒	ウ 婚	オ 撃	キ 儀	ケ 屈
イ 却	エ 稿	カ 執	ク 贈	コ 兼

(3)

1 □慮・半□・□練

2 □流・汚□・清□

3 圧□・卒□・□産

4 □情・軽□・□弱

5 □可・黙□・□識

ア 迫	ウ 薄	オ 濁	キ 欲	ケ 倒
イ 交	エ 遠	カ 認	ク 熟	コ 許

47 熟語の構成 3

出る順 ランク B

合格 14／20

得点

熟語の構成のしかたには、次のようなものがある。

ア 同じような意味の漢字を重ねたもの （岩石）
イ 反対または対応の意味を表す字を重ねたもの （高低）
ウ 上の字が下の字を修飾しているもの （洋画）
エ 下の字が上の字の目的語・補語になっているもの （着席）
オ 上の字が下の字の意味を打ち消しているもの （非常）

◆次の熟語は右のア～オのどれにあたるか記号で答えなさい。

1 脱皮
2 経緯
3 豪雨
4 瞬間
5 汚職
6 店舗
7 皮膚
8 不詳
9 失脚
10 傍線
11 加減
12 継続
13 師弟
14 詳細
15 遅刻
16 避難
17 敏腕
18 離陸
19 未熟
20 捕球

48 熟語の構成 4

出る順 ランクB

合格 14/20

得点

熟語の構成のしかたには、次のようなものがある。

ア 同じような意味の漢字を重ねたもの (岩石)
イ 反対または対応の意味を表す字を重ねたもの (高低)
ウ 上の字が下の字を修飾しているもの (洋画)
エ 下の字が上の字の目的語・補語になっているもの (着席)
オ 上の字が下の字の意味を打ち消しているもの (非常)

◆次の熟語は右のア〜オのどれにあたるか記号で答えなさい。

1 歓喜
2 激突
3 思慮
4 賞罰
5 帰途
6 到達
7 不朽
8 朗報
9 奇縁
10 無縁

11 迎春
12 堅固
13 雌雄
14 妙技
15 貯蓄
16 遠征
17 浮沈
18 離脱
19 未婚
20 閉幕

49 部首 3

出る順 ランクB

合格 10/14

得点

◆次の漢字の部首をア～エから選び、記号を記入しなさい。

1 壁（ア 土　イ 立　ウ 尸　エ 口）

2 翼（ア 羽　イ 田　ウ 二　エ 八）

3 箇（ア ⺮　イ 囗　ウ 十　エ 口）

4 含（ア 𠆢　イ 口　ウ 入　エ 二）

5 覧（ア 儿　イ 目　ウ 臣　エ 見）

6 薪（ア 艹　イ 斤　ウ 立　エ 木）

7 繁（ア 攵　イ 幺　ウ 糸　エ 母）

8 奇（ア 口　イ 大　ウ 亅　エ 一）

9 彩（ア 丿　イ 爫　ウ 彡　エ 木）

10 我（ア 扌　イ 戈　ウ 丿　エ 亅）

11 幾（ア 幺　イ 人　ウ 戈　エ 糸）

12 朱（ア 十　イ 二　ウ 木　エ 牛）

13 痛（ア 广　イ 疒　ウ 亠　エ 用）

14 慮（ア 田　イ 心　ウ 虍　エ 一）

50 部首 4

出る順 ランクB

合格 10／14

得点

◆次の漢字の部首をア～エから選び、記号を記入しなさい。

1 釈 〔ア 爫　イ 釆　ウ 木　エ 尸〕

2 疲 〔ア 冫　イ 广　ウ 疒　エ 皮〕

3 徴 〔ア 彳　イ 亻　ウ 山　エ 攵〕

4 盤 〔ア 舟　イ 皿　ウ 殳　エ 几〕

5 離 〔ア 亠　イ 厶　ウ 冂　エ 隹〕

6 歳 〔ア 小　イ 戈　ウ 止　エ 厂〕

7 尋 〔ア 工　イ 口　ウ 一　エ 寸〕

8 煮 〔ア 土　イ 耂　ウ 灬　エ 日〕

9 蓄 〔ア 艹　イ 亠　ウ 幺　エ 田〕

10 砲 〔ア 厂　イ 石　ウ 勹　エ 己〕

11 裏 〔ア 亠　イ 田　ウ 衣　エ 里〕

12 髪 〔ア 長　イ 髟　ウ 彡　エ 又〕

13 遅 〔ア 尸　イ 厂　ウ 羊　エ 辶〕

14 殖 〔ア 歹　イ 夕　ウ 十　エ 目〕

51 対義語・類義語 3

出る順 ランクB

合格 14/20

得点

◆次の□内に入る適切な語を、後の□の中から必ず一度選んで漢字に直し、対義語・類義語を作りなさい。

対義語

1 閉鎖－開□
2 破壊－建□
3 歳末－年□
4 誕生－□眠
5 不振－好□
6 出発－到□
7 希薄－濃□
8 歓声－悲□
9 陰性－□性
10 加熱－□却

類義語

11 最高－□上
12 丹念－□心
13 留守－不□
14 釈明－□解
15 値段－価□
16 用心－□戒
17 早速－即□
18 修理－□修
19 健闘－□戦
20 支度－準□

えい・かく・けい・こく・さい・ざい・し・せつ・ぜん・とう・ちょう・ちゃく・び・べん・ほ・ほう・みつ・めい・よう・れい

52 対義語・類義語 4

出る順 ランクB

合格 14／20

得点

◆次の□内に入る適切な語を、後の□の中から必ず一度選んで漢字に直し、対義語・類義語を作りなさい。

対義語

1 繁雑－□略
2 猛暑－□寒
3 冷淡－親□
4 先祖－子□
5 濁流－□流
6 進撃－□却
7 隷属－□立
8 納入－徴□
9 半減－倍□
10 離脱－□加

類義語

11 不朽－永□
12 脈絡－□道
13 閉口－□惑
14 巨木－大□
15 長者－□豪
16 根拠－理□
17 高齢－□年
18 熱狂－□奮
19 任務－使□
20 露見－発□

えん・かく・かん・げん・こう・こん・さん・じゅ・しゅう・すじ・せい・せつ・ぞう・そん・たい・どく・ふ・めい・ゆう・ろう

53 漢字と送りがな 3

出る順 ランク B

合格 11／15

得点

◆次の――線のカタカナを漢字一字と送りがな（ひらがな）に直しなさい。

〈例〉 門をアケル。 開ける

□ 1 頼みをココロヨク引き受けてくれた。

□ 2 タヌキは人をバカスという。

□ 3 仕事にナレルまでが一苦労だ。

□ 4 特売場に人がムラガッている。

□ 5 友を裏切ったようでウシロメタイ。

□ 6 平行線はマジワルことがない。

□ 7 ご出席いただければサイワイです。

□ 8 観光業が町の繁栄をササエている。

□ 9 丸みをオビタ形が気に入った。

□ 10 受験勉強にツトメル。

□ 11 野外活動で自然にシタシム。

□ 12 芝生に寝コロガッて空を仰ぐ。

□ 13 天才的な素質がソナワッている。

□ 14 むだをハブイて作業する。

□ 15 本当かどうかをタシカメル。

54 四字熟語 4

出る順 ランク B

合格 12/16

得点

◆文中の四字熟語の――線のカタカナを漢字に直しなさい。□に一字記入しなさい。

□ 1 迷いが去って明キョウ止水の心境だ。

□ 2 話は無ミ乾燥で心に響くものがない。

□ 3 会則はユウ名無実と化している。

□ 4 しばしば天変地イに見舞われた。

□ 5 珍芸に観客は抱フク絶倒した。

□ 6 シン機一転して最初から出直す。

□ 7 食料の自給自ソクはできている。

□ 8 実力を蓄えて時セツ到来を待つ。

□ 9 野山をジュウ横無尽に駆け巡る。

□ 10 牛飲バ食で健康を害した。

□ 11 空前ゼツ後の大ブームとなった。

□ 12 合格発表を一日千シュウの思いで待つ。

□ 13 新人はサイ色兼備の女性です。

□ 14 驚天ドウ地の大事件が起きた。

□ 15 目先の利害トク失にはとらわれない。

□ 16 うまくできたと自ガ自賛している。

55 四字熟語 5

出る順 ランクB

合格 12／16

得点

◆文中の四字熟語の――線のカタカナを漢字に直しなさい。□に一字記入しなさい。

□ 1 名人は前人ミ到の記録を達成した。
□ 2 意志堅ゴに最後までやり通す。
□ 3 事件の一部始ジュウを説明した。
□ 4 単なる外交ジ令にすぎない。
□ 5 王はキ急存亡のときを迎えた。
□ 6 約束を無視するとは言語道ダンだ。
□ 7 話が針小ボウ大に伝わった。
□ 8 まさにキ死回生の奇策だった。
□ 9 人メン獣心の冷血漢だ。
□ 10 仕事に追われ多ジ多端の毎日だ。
□ 11 赤字続きで会社はアオ息吐息だ。
□ 12 どの作品も同工イ曲でつまらない。
□ 13 ヒン行方正な好青年だ。
□ 14 無理ナン題を押し付けられた。
□ 15 博ラン強記で有名な学者だ。
□ 16 強敵に闘シ満々で立ち向かう。

56 四字熟語 6

出る順 ランクB

合格 12／16

得点

◆文中の四字熟語の――線のカタカナを漢字に直しなさい。□に一字記入しなさい。

□ 1 商談は即断即ケツで成立した。

□ 2 意味シン長な一言を残して去った。

□ 3 発想が奇ソウ天外なので驚いた。

□ 4 議ロン百出で会議は長引いた。

□ 5 中身はキョウ味本位のうわさ話だ。

□ 6 家宝の故事来レキを説明した。

□ 7 私利私ヨクにおぼれて信用を失う。

□ 8 基本方針に信賞ヒツ罰でのぞむ。

□ 9 物事の是ヒ曲直をわきまえている。

□ 10 二派が連合しても同床異ムだ。

□ 11 教授は博学多サイで知られている。

□ 12 和服の似合う容シ端麗な美女だ。

□ 13 前代未モンの出来事だ。

□ 14 彼はいつも用イ周到だ。

□ 15 リン機応変の対応が功を奏した。

□ 16 古都の名所キュウ跡を訪れる旅だ。

57 誤字訂正 3

出る順 ランクB

合格 7/10

得点

◆次の各文にまちがって使われている同じ読みの漢字が一字あります。上に誤字を、下に正しい漢字を記しなさい。

		誤	正
1	仕事で海外に移住した兄が久しぶりに帰国して、家族と食事を友にした。		
2	両チームとも終盤まで一歩も引かず、とうとう演長戦に突入した。		
3	雑誌に連載され反響を呼んだ推理小説が待望の単行本として慣行される。		
4	幅広い画面と高度の解像力を兼ね備えた防犯カメラが開発された。		
5	登山中に落石事故に巻き込まれた負傷者の吸出に警察官も出動した。		
6	大きな被害をもたらした過去の災害を教君にして、防災の方策を検討する。		
7	今回の展覧会では、境土出身の有名な作家の遺作が多数紹介されている。		
8	IT産業の急即な成長にともない、高度な情報処理能力の必要性が増した。		
9	食生活に占めるパンやめん類の割合が増え、米の消費量が限少している。		
10	ビルなどの屋上緑化は建物への断熱効課もあり、光熱費の節約も期待できる。		

58 漢字の読み 13

出る順 ランク C

合格 13/18

得点

◆次の――線の読みをひらがなで書きなさい。

1 山頂に**陣**をしく。

2 受付で会費を**徴収**する。

3 本校の**光輝**ある伝統を守る。

4 富士の**秀麗**な山容を仰ぐ。

5 疲労が**蓄積**して元気が出ない。

6 **突堤**から沖をながめる。

7 商談は**首尾**よく運んだ。

8 山間の**透明**度の高い湖水だ。

9 会員の**連絡網**を作成した。

10 山頂から**噴煙**が上がっている。

11 **曇天**が続き、うっとうしい。

12 社会**探訪**のレポートを書く。

13 どこまでも**砂丘**が広がっている。

14 リンゴを箱に**詰**めて送った。

15 カラスが**枯**れ枝に止まっていた。

16 秋の**澄**んだ空気が気持ちいい。

17 水草のよく茂った**沼**がある。

18 針路が北に**振**れてしまった。

59

漢字の読み 14

出る順 ランク C

合格 13／18

得点

◆次の――線の読みをひらがなで書きなさい。

□ 1 『ハムレット』は有名な戯曲である。

□ 2 何者かが侵入した形跡がある。

□ 3 香料を加えてお菓子を作る。

□ 4 国歌の吹奏で式典が開始された。

□ 5 全員が集まって知恵を出し合った。

□ 6 空港で熱烈なファンの歓迎を受けた。

□ 7 人は発汗作用で体温を調節する。

□ 8 『攻撃は最大の防御なり』とも言う。

□ 9 冬は空気が乾燥している。

□ 10 父は丈夫で病知らずだ。

□ 11 販売員が名刺を持って訪れた。

□ 12 明朝は六時起床で出発する。

□ 13 展覧会場に作品を搬入した。

□ 14 ようやく長いトンネルを抜けた。

□ 15 いよいよ本腰を入れて取り組む。

□ 16 初めての合戦で手柄を立てた。

□ 17 部屋の畳を入れ替えた。

□ 18 暑いので上着を脱いだ。

60 漢字の読み 15

出る順 ランクC

合格 13/18

得点

◆次の——線の読みをひらがなで書きなさい。

□ 1 お正月を旧暦で祝う風習がある。
□ 2 味付けは淡泊なほうを好む。
□ 3 いよいよ雌雄を決する時が来た。
□ 4 夢は一瞬にして消え去った。
□ 5 人権侵害で裁判所に提訴した。
□ 6 新鮮な果物が入荷しています。
□ 7 旅客機は主翼を上げて飛び立った。
□ 8 登頂の宿願を果たせて本望だ。
□ 9 突然の雷雨に見舞われた。
□ 10 窓のガラスに水滴が付いていた。
□ 11 何の根拠もないうわさ話だ。
□ 12 日々は平凡に暮らしています。
□ 13 高圧電線の鉄塔が立っている。
□ 14 だれが見ても筋違いの要求だ。
□ 15 不正の事実が公になった。
□ 16 代金をお支払い致します。
□ 17 実情を詳しく話してください。
□ 18 天に向かって恥じることはない。

61 漢字の読み 16

出る順 ランクC

合格 13／18

得点

◆次の――線の読みをひらがなで書きなさい。

□ 1 港内に**巨大**タンカーが停泊している。

□ 2 あまりの仕打ちに**激怒**した。

□ 3 主将としての**手腕**を発揮した。

□ 4 受賞の**栄誉**に浴する。

□ 5 **天賦**の才能が開花した。

□ 6 必勝の**闘志**を燃やして戦った。

□ 7 豪雪で各地に大きな**被害**が出た。

□ 8 奮起して**劣勢**をはね返した。

□ 9 警察官から職務**尋問**を受けた。

□ 10 工芸品を専門家に**鑑定**してもらう。

□ 11 決定は不当であると**抗議**をした。

□ 12 月に一度は**散髪**している。

□ 13 中央アルプスの連峰を**踏破**したい。

□ 14 家族そろって新年を**迎**えた。

□ 15 額に**脂汗**をにじませている。

□ 16 矢も**盾**もたまらず駆け出した。

□ 17 健康のためには暴飲暴食を**慎**む。

□ 18 川底が**透**けて見える清流だ。

62 漢字の書き 13

出る順 ランク C

合格 11/15

得点

◆次の——線のカタカナを漢字に直しなさい。

□ 1 彼は**セイギ**感が強い人だ。

□ 2 蔵書を母校に**キフ**した。

□ 3 バスの**ウンチン**が値上げされた。

□ 4 議長の**ケンゲン**で採決を行う。

□ 5 トイレは常に**セイケツ**に保つ。

□ 6 将来**ウチュウ**飛行士になりたい。

□ 7 新しい雑誌が**ハッカン**された。

□ 8 連載小説は今回で**カンケツ**した。

□ 9 業績が下降した**ヨウイン**を探る。

□ 10 特別の手当てが**シキュウ**された。

□ 11 みそしるが**サ**めてしまった。

□ 12 驚いて馬が**アバ**れだした。

□ 13 顔立ちのよく**ニ**た姉妹だ。

□ 14 障害物を取り**ノゾ**く。

□ 15 先輩の忠告に**シタガ**う。

63 漢字の書き 14

出る順 ランクC

合格 11／15

得点

◆次の――線のカタカナを漢字に直しなさい。

1 日本海のエンガンに開けた平野だ。
2 商品のセイゾウ元に問い合わせる。
3 負傷者の手当てがキュウムである。
4 キョウテキを相手に善戦した。
5 発明のトッキョを出願する。
6 平均的な生活スイジュンの暮らしだ。
7 売り場を広げてシンソウ開店した。
8 車のローンをヘンサイする。
9 シンカンセンで東京へ出張する。
10 母からのメールをジュシンした。
11 着地に失敗してカンセツが外れる。
12 皆の前でほめられてテれくさい。
13 ケワしい山道を登って峠に出た。
14 同じココロザシを抱く者が集まった。
15 まだオいるような年ではない。

64 漢字の書き 15

出る順 ランクC

合格 11/15

得点

◆次の——線のカタカナを漢字に直しなさい。

1 郷土ゲイノウの保存につとめる。
2 物知りで話題のホウフな人だ。
3 係長としてのセキムを果たす。
4 幼児は砂遊びにムチュウだ。
5 タンジョウ日のプレゼントが楽しみだ。
6 薬剤で有害物質をジョキョする。
7 コンサートのニュウジョウケンを手に入れる。
8 君の言動はゴカイを招きやすい。
9 代々ボウエキ商を営んでいる。
10 富士のサンチョウに立つ。
11 労作の木版画をスり上げた。
12 ランのカブ分けをもらう。
13 久し振りに元気なスガタを見た。
14 つる草が木にマき付いている。
15 紫のイショウを身に着ける。

65 漢字の書き 16

出る順 ランク C

合格 11／15

得点

◆次の――線のカタカナを漢字に直しなさい。

□ 1 新聞のヘンシュウにたずさわる。

□ 2 苦難に耐えてコンジョウを養う。

□ 3 相手のザイタクを確かめて訪問する。

□ 4 案内人のセンドウで会場を回った。

□ 5 子どもたちをインソツして動物園に行った。

□ 6 早起きのシュウカンを身につける。

□ 7 相手の申し出をジタイした。

□ 8 来年度の経営ホウシンを決める。

□ 9 銀行からヨキンを引き出した。

□ 10 一生ドクシンをつらぬいた。

□ 11 能率を上げて時間のむだをハブく。

□ 12 書類を二部ずつインサツする。

□ 13 アリが砂糖にムらがっている。

□ 14 王は大軍をヒキいて攻め込んだ。

□ 15 兄は健康ユウリョウジである。

66 同音・同訓異字 7

出る順 ランクC

合格 11/15

得点

◆次の――線のカタカナにあてはまる漢字をそれぞれア～オから選び、記号を□に記入しなさい。

1 心を込めてタン念に仕上げた。
2 流行の先タンをいくモードだ。
3 味付けはタン白に仕上がった。
（ア淡　イ丹　ウ端　エ嘆　オ担）

4 一晩中難問とカク闘した。
5 ついに優勝杯をカク得した。
6 得票数はまるで比カクにならない。
（ア格　イ画　ウ拡　エ獲　オ較）

7 日本舞ヨウを習い始めた。
8 保育園で童ヨウを教える。
9 水にヨウ解しにくい物質だ。
（ア踊　イ幼　ウ溶　エ謡　オ容）

10 ケイ斜の急な坂道を上る。
11 生物学の研究をケイ続する。
12 自然の恩ケイにあずかる。
（ア継　イ恵　ウ経　エ傾　オ景）

13 断じて行えば鬼神もこれをサく
14 時計の針が正午をサしている。
15 師の一言で迷いからサめた。
（ア覚　イ冷　ウ避　エ刺　オ指）

67 同音・同訓異字 8

出る順 ランクC

合格 11/15

得点

◆次の――線のカタカナにあてはまる漢字をそれぞれア〜オから選び、記号を□に記入しなさい。

1 使節団は熱烈なカン迎を受けた。
2 冬は空気がカン燥している。
3 人は発カン作用で体温を調節する。
（ア甘　イ環　ウ乾　エ歓　オ汗）

4 無色トウ明な液体である。
5 犯人はすでにトウ走していた。
6 海外旅行でトウ難事故にあった。
（ア透　イ塔　ウ逃　エ闘　オ盗）

7 研究会誌の原コウを仕上げた。
8 相手のねばり強さにコウ参する。
9 発表会の要コウを配布する。
（ア荒　イ稿　ウ香　エ降　オ項）

10 テレビの視チョウ者から反応があった。
11 会場費は現地でチョウ集します。
12 何事にも慎チョウに対処する。
（ア跳　イ聴　ウ重　エ徴　オ張）

13 折にフれて思い出す事がある。
14 いつも先輩風をフかす人だ。
15 事実をフまえて説明した。
（ア踏　イ吹　ウ触　エ降　オ噴）

68 漢字識別 4

出る順 ランクC

合格 11／15

得点

◆次の1～5の三つの□に共通する漢字を入れて熟語を作りなさい。漢字は下のア～コから選び、記号を□に記入しなさい。

(1)

1 □道・店□・□装

2 路□・□系・□受

3 給□・寄□・□党

4 近□・□接・□人

5 □曲・民□・童□

ア 況	ウ 傍	オ 付	キ 与	ケ 舞
イ 柔	エ 線	カ 舗	ク 謡	コ 隣

(2)

1 自□・□心・□然

2 □測・記□・追□

3 □惨・□気・□口

4 指□・□様・波□

5 □雑・□栄・□忙

ア 推	ウ 悲	オ 慢	キ 陰	ケ 摘
イ 信	エ 繁	カ 紋	ク 混	コ 憶

(3)

1 絶□・□画・城□

2 遺□・史□・□形

3 □点・準□・証□

4 □名・旧□・百□

5 時□・梅□・五月□

ア 姓	ウ 産	オ 屋	キ 壁	ケ 拠
イ 跡	エ 雨	カ 賛	ク 頂	コ 節

69

熟語の構成 5

出る順 ランクC

合格 14/20

得点

熟語の構成のしかたには、次のようなものがある。

ア 同じような意味の漢字を重ねたもの（岩石）
イ 反対または対応の意味を表す字を重ねたもの（高低）
ウ 上の字が下の字を修飾しているもの（洋画）
エ 下の字が上の字の目的語・補語になっているもの（着席）
オ 上の字が下の字の意味を打ち消しているもの（非常）

◆次の熟語は右のア～オのどれにあたるか記号で答えなさい。

1 偉業
2 恩恵
3 去来
4 更衣
5 出荷
6 不潔
7 珍味
8 鈍痛
9 栄枯
10 優秀

11 握力
12 雅俗
13 巨大
14 香料
15 巡回
16 増殖
17 追撃
18 納税
19 未満
20 創造

70 熟語の構成 6

出る順 ランクC

合格 14/20

得点

➡ 熟語の構成のしかたには、次のようなものがある。

ア 同じような意味の漢字を重ねたもの（岩石）
イ 反対または対応の意味を表す字を重ねたもの（高低）
ウ 上の字が下の字を修飾しているもの（洋画）
エ 下の字が上の字の目的語・補語になっているもの（着席）
オ 上の字が下の字の意味を打ち消しているもの（非常）

◆次の熟語は右のア〜オのどれにあたるか記号で答えなさい。

1 援助
2 離合
3 豪雪
4 甘言
5 除幕
6 耐火
7 停止
8 未到
9 帰郷
10 雄姿

11 陰陽
12 無尽
13 近況
14 脂肪
15 新鮮
16 存亡
17 登頂
18 交替
19 妙案
20 曲線

71 部首 5

◆次の漢字の部首をア～エから選び、記号を記入しなさい。

出る順 ランクC

合格 10/14

得点

	漢字	ア	イ	ウ	エ
1	豪	亠	口	冖	豕
2	術	小	彳	行	十
3	御	止	卩	彳	缶
4	雄	ノ	厶	隹	亻
5	暦	一	厂	木	日
6	塔	土	艹	𠆢	口
7	府	亠	广	亻	寸
8	猛	犭	子	一	皿
9	隷	士	小	隶	示
10	需	雨	冖	冂	而
11	添	冫	氵	大	⺗
12	盆	八	𠆢	刀	皿
13	剣	𠆢	口	人	刂
14	盾	一	十	ノ	目

72

部首 6

出る順 ランクC

合格 10/14

得点

◆次の漢字の部首をア〜エから選び、記号を記入しなさい。

1 威 （ア 戈　イ 厂　ウ 女　エ 一）
2 獲 （ア 犭　イ 艹　ウ 隹　エ 又）
3 興 （ア 冂　イ 臼　ウ 一　エ 八）
4 襲 （ア 立　イ 月　ウ 亠　エ 衣）
5 倒 （ア 亻　イ 土　ウ 刂　エ 至）
6 雑 （ア 隹　イ 亻　ウ 乙　エ 木）
7 躍 （ア 羽　イ 止　ウ 𧾷　エ 隹）
8 延 （ア 丿　イ 卜　ウ 止　エ 廴）
9 煙 （ア 襾　イ 土　ウ 火　エ 亻）
10 紫 （ア 止　イ 匕　ウ 幺　エ 糸）
11 薄 （ア 艹　イ 氵　ウ 日　エ 寸）
12 基 （ア 一　イ 八　ウ 二　エ 土）
13 帽 （ア 巾　イ 日　ウ 冃　エ 目）
14 幕 （ア 艹　イ 巾　ウ 大　エ 日）

73 対義語・類義語 5

出る順 ランクC

合格 14/20

得点

◆次の□内に入る適切な語を、後の□の中から必ず一度選んで漢字に直し、対義語・類義語を作りなさい。

対義語

1 冷静－興□
2 圧勝－大□
3 形式－内□
4 質疑－□答
5 厳冬－□夏
6 地味－□手
7 委細－大□
8 沈殿－浮□
9 平易－□解
10 兼業－□業

類義語

11 名誉－光□
12 是非－□否
13 介抱－看□
14 熟知－精□
15 誠意－□心
16 気質－□分
17 温順－素□
18 匹敵－同□
19 道端－□傍
20 標準－□格

えい・おう・か・き・ご・せい・せん・しょう・つう・とう・なお・なん・は・はい・ふん・ま・ゆう・よう・りゃく・ろ

74 対義語・類義語 6

出る順 ランクC

合格 14/20

得点

◆次の□内に入る適切な語を、後の□の中から必ず一度選んで漢字に直し、対義語・類義語を作りなさい。

対義語

1 与党 ― □党
2 緯度 ― □度
3 追跡 ― 逃□
4 安全 ― □険
5 及第 ― □第
6 近隣 ― □方
7 高雅 ― □俗
8 革新 ― 保□
9 定例 ― □時
10 巨大 ― 微□

類義語

11 離合 ― 集□
12 承認 ― □可
13 友好 ― 親□
14 勤勉 ― □力
15 比較 ― 対□
16 明朗 ― □活
17 追加 ― 補□
18 突然 ― 不□
19 傾向 ― 風□
20 丈夫 ― 健□

い・えん・かい・き・きょ・けい・こう・さい・さん・しゅ・しょう・ぜん・そく・ちょう・てい・ど・ぼう・や・らく・りん

75 漢字と送りがな 4

出る順 ランクC

合格 11/15

得点

◆次の――線のカタカナを漢字一字と送りがな（ひらがな）に直しなさい。

〈例〉門をアケル。　開ける

□ 1 谷川の流れはキヨラカダ。

□ 2 驚いてアバレル馬を取り押さえる。

□ 3 別れてヒサシイ友人と再会した。

□ 4 本物であるかはウタガワシイ。

□ 5 救急車はタダチニ出動した。

□ 6 初戦のイキオイに乗って連勝した。

□ 7 赤ん坊のヤスラカナ寝顔だ。

□ 8 帰宅は八時をスギルだろう。

□ 9 テーブルに料理の品々をナラベル。

□ 10 ほほえみをタヤサない人だ。

□ 11 両者のコトナル点を説明した。

□ 12 恐ろしさに身のチヂマル思いをした。

□ 13 後のことはすべて君にマカセル。

□ 14 一代で財をキズイた人だ。

□ 15 よくみがいて表面をタイラにする。

76 四字熟語 7

出る順 ランク C

合格 12/16

得点

◆文中の四字熟語の――線のカタカナを漢字に直しなさい。□に一字記入しなさい。

1 力のこもった一進一タイの攻防だ。
2 僧はイン果応報の道理を説いた。
3 昔から悪事千リを走ると言う。
4 引退して花チョウ風月を友とする。
5 事件は急テン直下、解決に向かった。
6 負傷者の応急ショ置を済ませた。
7 予想外の大勝に狂喜ラン舞した。
8 当分は現状維ジでよしとする。
9 うわさは事実無コンだと抗議した。
10 当選の知らせを半信半ギで聞いた。
11 善良だが意シ薄弱なのが欠点だ。
12 難問を一刀リョウ断で解決した。
13 不ミン不休で母の看護にあたる。
14 決意してシン剣勝負にのぞむ。
15 連戦連敗で意気ショウ沈した。
16 モン外不出の秘宝を拝見した。

1	2	3	4	5	6	7	8	9	10	11	12	13	14	15	16

77 四字熟語 8

出る順 ランクC

合格 12/16

得点

◆文中の四字熟語の――線のカタカナを漢字に直しなさい。□に一字記入しなさい。

1 何事にも率先スイ範を心がける。

2 熟慮ダン行で危機を乗り切った。

3 モン答無用の態度に抗議した。

4 主君は家臣の面従フク背を見抜いた。

5 明ロウ快活で好ましい少年だ。

6 不用品をニソク三文で売り払った。

7 ついにシタ先三寸で丸め込まれた。

8 祖父は無病息サイで長生きした。

9 八方ビ人だとのうわさがある。

10 春の夜は一コク千金と言われる。

11 言コウ一致の人で信頼も厚い。

12 晩年、ロウ成円熟の境地に達した。

13 不カ抗力による事故が起きた。

14 彼は名ジツ一体の第一人者だ。

15 無理サン段して資金を調達した。

16 母の形見をゴ生大事にしまっている。

78 誤字訂正 4

出る順 ランク C

合格 7/10

得点

◆次の各文にまちがって使われている同じ読みの漢字が一字あります。上に誤字を、下に正しい漢字を記しなさい。

	誤	正
□ 1 選手たちの一糸乱れぬ鮮やかな演技に、満員の観集は盛んな声援を送った。		
□ 2 野菜類は多様な栄養分を含んでおり、健康の維事に大切な役割を果たす。		
□ 3 駅から徒歩二分という通勤に便利な場所に、事務所を異転した。		
□ 4 出生率の低下による人口の減少は今後の経済に真刻な影響を及ぼす。		
□ 5 今年は世界の平均気温が史上最高記録を更進すると予測されている。		
□ 6 医師は本人と家族の同意を得た上で、新しい方法による知療に踏み切った。		
□ 7 大型で強い台風が本州を従断して各地で記録的な豪雨が観測された。		
□ 8 決勝は一点を争う切戦となったが、相手の失策に乗じて勝利を収めた。		
□ 9 住宅の屋上に、地球環境の保全にも有効な太陽光発電操置を取り付ける。		
□ 10 貴重な経験を語った構演者の話は興味深く、得るところも大であった。		

実戦模擬テスト 1

時間 60分

合格点 140/200

得点

(一) 次の——線の読みをひらがなで記せ。(30点)

1 人に依存しない態度が大切だ。（　　）

2 現状維持で満足としよう。（　　）

3 事件の経緯を説明した。（　　）

4 時代の変化に鋭敏に反応する。（　　）

5 湖の汚染は改善に向かっている。（　　）

6 要点を箇条書きでまとめる。（　　）

7 名人の地位を獲得した。（　　）

8 警備員が周辺を監視する。（　　）

9 創立記念の儀式があった。（　　）

10 展覧会で脚光を浴びた作品だ。（　　）

11 教科書に準拠した参考書だ。（　　）

12 最近は凶悪な犯罪が目につく。（　　）

13 久し振りの再開に歓喜した。（　　）

14 何事にも率先して実行する。（　　）

15 親からの事業を継承する。（　　）

16 晴雨兼用のコートを買った。（　　）

17 海外に調査員を派遣した。（　　）

18 まつりで太鼓をたたく。（　　）

19 世界記録が更新された。（　　）

20 現場から詳細な報告があった。（　　）

21 日が陰って寒くなってきた。（　　）

22 主に民事を扱う弁護士だ。（　　）

23 遊んでいる暇などはない。（　　）

24 髪を短く刈り上げた。（　　）

25 消費税を含んだ値段です。（　　）

26 勇気を奮い起こしてがんばる。（　　）

27 得意そうに笑顔を見せた。（　　）

28 先に行くほど道は狭まっている。（　　）

29 うれしくて有頂天になった。（　　）

30 朝から五月晴れのよい天気だ。（　　）

㈡ 次の――線のカタカナにあてはまる漢字をそれぞれア～オから一つ選び、記号で答えよ。（30点）

1 各地の台風のヒ害が報道される。（　　）

2 残業が続き、ヒ労がたまっている。（　　）

3 ヒ岸に墓参りに行く。（　　）

（ア 被　イ 彼　ウ 疲　エ 批　オ 避）

4 医師からガンだとセン告された。（　　）

5 当時のことはセン明に覚えている。（　　）

6 兄が二人の部屋を独センしている。（　　）

（ア 選　イ 占　ウ 鮮　エ 洗　オ 宣）

7 社長がエイ断を下す。（　　）

8 彼女のエイ誉をたたえる。（　　）

9 彼女は新進気エイのデザイナーだ。（　　）

（ア 衛　イ 英　ウ 営　エ 鋭　オ 栄）

10 新しい生活様式が浸トウする。（　　）

11 隣町とのトウ合について協議する。（　　）

12 大地震で実家がトウ壊した。（　　）

（ア 倒　イ 踏　ウ 透　エ 統　オ 到）

13 不意をツかれてあわてる。（　　）

14 大学を卒業して家業をツぐ。（　　）

15 希望していた職にツく。（　　）

（ア 就　イ 継　ウ 突　エ 着　オ 付）

㈢ 1～5の三つの□に共通する漢字を入れて熟語を作れ。漢字はア～コから一つ選び、記号で答えよ。（10点）

1 □破・□襲・雑□（　　）

2 □賛・愛□・敬□（　　）

3 変□・□新・□衣室（　　）

4 □心・□食・□敗（　　）

5 □定・□識・図□（　　）

ア 向	イ 更	ウ 普	エ 称	オ 観
カ 腐	キ 鑑	ク 踏	ケ 灯	コ 証

(四)

熟語の構成のしかたには次のようなものがある。（20点）

> **ア** 同じような意味の漢字を重ねたもの　（**岩石**）
> **イ** 反対または対応の意味を表す字を重ねたもの　（**高低**）
> **ウ** 上の字が下の字を修飾しているもの　（**洋画**）
> **エ** 下の字が上の字の目的語・補語になっているもの　（**着席**）
> **オ** 上の字が下の字を打ち消しているもの　（**非常**）

次の**熟語**は右の**ア**～**オ**のどれにあたるか、**一つ**選び、**記号**で答えよ。

1 握力（　　）
2 依頼（　　）
3 安眠（　　）
4 陰陽（　　）
5 違憲（　　）
6 鋭角（　　）
7 恩恵（　　）
8 加減（　　）
9 未踏（　　）
10 拡幅（　　）

(五)

次の漢字の**部首**を**ア**～**エ**から**一つ**選び、**記号**で答えよ。（10点）

1 務（**ア** マ　**イ** 矛　**ウ** 攵　**エ** 力）（　　）
2 影（**ア** 彡　**イ** 日　**ウ** 亠　**エ** 口）（　　）
3 密（**ア** 心　**イ** 宀　**ウ** 山　**エ** ノ）（　　）
4 唐（**ア** 广　**イ** 一　**ウ** 口　**エ** 亠）（　　）
5 閣（**ア** 夕　**イ** 夂　**ウ** 口　**エ** 門）（　　）
6 御（**ア** 亻　**イ** 彳　**ウ** 止　**エ** 卩）（　　）
7 覧（**ア** 臣　**イ** 目　**ウ** 儿　**エ** 見）（　　）
8 蓄（**ア** 亠　**イ** 幺　**ウ** 艹　**エ** 田）（　　）
9 狩（**ア** 宀　**イ** 犭　**ウ** ノ　**エ** 寸）（　　）
10 斜（**ア** 人　**イ** 丶　**ウ** 干　**エ** 斗）（　　）

(六)

後の□内のひらがなを必ず一度使って漢字に直して□に入れ、**対義語**・**類義語**を作れ。（20点）

対義語

1 圧勝－大□（　　）
2 憶測－□信（　　）
3 許可－□止（　　）

4 需要―□給（　）
5 薄弱―強□（　）

類義語

6 警戒―□心（　）
7 追憶―□想（　）
8 案内―先□（　）
9 支度―□備（　）
10 友好―親□（　）

かい・かく・きょう・きん
こ・じゅん・ぜん
どう・はい・よう

(七) 次の――線のカタカナを**漢字一字**と**送りがな（ひらがな）**に直せ。（10点）

〈例〉問題にコタエル。（答える）

1 作曲にスグレた才能を発揮した。（　）
2 本人の責任をキビシク追及した。（　）
3 がんばってコノマシイ結果を出した。（　）
4 フロントに貴重品をアズケル。（　）
5 妹はまだオサナイ顔をしている。（　）

(八) 文中の**四字熟語**の――線の**カタカナ**を**漢字**に直して、**一字記入**せよ。（20点）

1 初めから意気投ゴウする。（　）
2 両軍は一触ソク発の状態だ。（　）
3 今こそキ急存亡のときだ。（　）
4 何事にも一意セン心に取り組む。（　）
5 多ジ多難の一年を送る。（　）
6 言行一チの態度が好まれる。（　）
7 彼は典型的な大キ晩成型だ。（　）
8 青息ト息の暮らしが続く。（　）
9 子どもたちに率先スイ範する。（　）
10 ウ為転変の世の習いを実感する。（　）

(九) 次の各文にまちがって使われている**同じ読みの漢字**が一字ある。**上に誤字**を、**下に正しい漢字**を記せ。（10点）

1 黒潮の影響を受ける沿岸地方は海洋性気候で冬も比較的温段な地域だ。（　）（　）

↓

2 県の博物館に郷土出身作家の遺品を展示する特別室が開接された。（　→　）

3 あとしばらくの静養期間をいただいて病気が完全に直ってから出勤します。（　→　）

4 環境の悪化で熱帯魚やサンゴなどが群生する海域が危期的状況にある。（　→　）

5 山頂付近に群生する貴長な高山植物の採取は法律で禁じられている。（　→　）

(十) 次の——線のカタカナを漢字に直せ。(40点)

1 日曜日もエイギョウしています。（　）

2 祝賀会がセイダイに行われた。（　）

3 遺伝子の研究にジュウジしている。（　）

4 駅前に案内所をセッチした。（　）

5 仏前にセイザして経を唱える。（　）

6 故郷に帰って田畑をコウサクする。（　）

7 冬に向けてネンリョウを備蓄する。（　）

8 富士山のチョウジョウに立った。（　）

9 九月にはケイロウの日を迎える。（　）

10 早起きのシュウカンをつける。（　）

11 ワタグモが空に浮かぶ。（　）

12 ウラオモテのない性格。（　）

13 夕焼けにソまる空を見上げる。（　）

14 学校に授業料をオサめる。（　）

15 自分のムネに手を当てて考える。（　）

16 魚がアミに引っかかる。（　）

17 仕事に差しツカえるので止めておく。（　）

18 うそから出たマコト。（　）

19 ようやく子どもをサズかった。（　）

20 友人の家に身をヨせる。（　）

実戦模擬テスト 2

時間 60分

合格点 140/200

得点

㈠ 次の――線の読みをひらがなで記せ。(30点)

1 新聞に小説が連載されている。（　　）
2 勝利に執念を燃やして戦う。（　　）
3 急な傾斜の山道を登る。（　　）
4 視聴者から大きな反響があった。（　　）
5 一日休んで疲労を回復した。（　　）
6 神妙な顔つきで立っている。（　　）
7 心覚えのメモを欄外に記入する。（　　）
8 梅雨の時季は曇天が続く。（　　）
9 兄は円盤投げの選手だ。（　　）
10 助けを求めて絶叫した。（　　）
11 優勝の祝杯をあげた。（　　）
12 退会を勧告された。（　　）
13 海岸の広い砂丘を歩く。（　　）
14 玄関に出て客を迎える。（　　）
15 鉄壁の布陣で対戦した。（　　）
16 被害地の惨状をレポートする。（　　）
17 講演の要旨を簡単に報告した。（　　）
18 いよいよ歳末の大売り出しだ。（　　）
19 必要な項目をチェックする。（　　）
20 駅から会社までの距離を測る。（　　）
21 満員電車に押し込まれた。（　　）
22 円満解決で肩の荷が下りた。（　　）
23 大輪の花を咲かせた。（　　）
24 台所で魚を煮ている。（　　）
25 胸の奥にしまっておく。（　　）

26 ガラスの**食器**に料理を盛る。（　　）

27 自然の**趣**を生かした庭園だ。（　　）

28 生まれ故郷の**田舎**に帰る。（　　）

29 神社参道の**砂利**道を行く。（　　）

30 **最寄**りの駅から歩いて五分です。（　　）

(二) 次の――線の**カタカナ**にあてはまる漢字をそれぞれ**ア〜オ**から**一つ**選び、**記号**で答えよ。（30点）

1 自分の主張を**ケン**持する。（　　）

2 理事と所長を**ケン**務する。（　　）

3 隣国に大使を派**ケン**する。（　　）

（**ア** 遣　**イ** 堅　**ウ** 権　**エ** 兼　**オ** 検）

4 最後まで**ヨ**断は許されない。（　　）

5 今の**ヨ**金額は二百万円である。（　　）

6 卒業証書を授**ヨ**する。（　　）

（**ア** 誉　**イ** 余　**ウ** 与　**エ** 予　**オ** 預）

7 協会の趣**シ**に賛同してください。（　　）

8 富士山の雄**シ**を見つめる。（　　）

9 風**シ**の効いた漫画を読む。（　　）

（**ア** 姿　**イ** 旨　**ウ** 誌　**エ** 志　**オ** 刺）

10 その行**イ**は認められない。（　　）

11 この仕事は君に**イ**頼しよう。（　　）

12 **イ**勢のいいかけ声。（　　）

（**ア** 委　**イ** 為　**ウ** 意　**エ** 威　**オ** 依）

13 数学の問題を時間をかけて**ト**く。（　　）

14 小麦粉を水で**ト**く。（　　）

15 牧師が神の道を**ト**いた。（　　）

（**ア** 説　**イ** 研　**ウ** 解　**エ** 捕　**オ** 溶）

(三) 1〜5の三つの□に**共通する漢字**を入れて熟語を作れ。漢字は**ア〜コ**から**一つ**選び、記号で答えよ。（10点）

1 □顔・発□・寝□（　　）

2 □額・□漢・□費（　　）

3 □与・恩□・知□（　　）

4 □承・□続・中□（　　）

5 □退・攻□・打□（　　）

ア 悪　イ 継　ウ 厚　エ 巨　オ 撃
カ 恵　キ 間　ク 貸　ケ 進　コ 汗

(四) **熟語の構成**のしかたには次のようなものがある。（20点）

ア 同じような意味の漢字を重ねたもの　（岩石）
イ 反対または対応の意味を表す字を重ねたもの　（高低）
ウ 上の字が下の字を修飾しているもの　（洋服）
エ 下の字が上の字の目的語・補語になっているもの　（着席）
オ 上の字が下の字を打ち消しているもの　（非常）

次の**熟語**は右の**ア～オ**のどれにあたるか、**一つ**選び、**記号**で答えよ。

1 微量（　　）
2 無効（　　）
3 首尾（　　）
4 噴水（　　）
5 激突（　　）
6 敏速（　　）
7 不振（　　）
8 恐怖（　　）
9 避暑（　　）
10 運搬（　　）

(五) 次の漢字の**部首**を**ア～エ**から**一つ**選び、**記号**で答えよ。（10点）

1 罰（ア 亠　イ 罒　ウ 言　エ 刂）（　　）
2 案（ア 木　イ 一　ウ 女　エ 宀）（　　）
3 辞（ア ノ　イ 舌　ウ 立　エ 辛）（　　）
4 乗（ア 木　イ 十　ウ ノ　エ 一）（　　）
5 墓（ア 一　イ 土　ウ 日　エ 艹）（　　）
6 煙（ア 罒　イ 西　ウ 土　エ 火）（　　）
7 暇（ア 丨　イ 口　ウ 又　エ 日）（　　）
8 職（ア 耳　イ 日　ウ 立　エ 戈）（　　）
9 再（ア 一　イ 十　ウ 冂　エ 土）（　　）
10 郵（ア 一　イ 阝　ウ ノ　エ 十）（　　）

(六) 後の□内のひらがなを必ず一度使って漢字に直して□に入れ、**対義語**・**類義語**を作れ。（20点）

対義語

1 革新―保□（　　）
2 信用―□惑（　　）
3 徴収―□入（　　）

4 正統—□端（　　）
5 破壊—建□（　　）

類義語

6 普段—日□（　　）
7 次第—順□（　　）
8 誇張—□大（　　）
9 前途—□来（　　）
10 黙認—□過（　　）

い・か・かん・ぎ・しゅ・じょ
しょう・じょう・せつ・のう

(七) 次の——線のカタカナを**漢字一字**と**送りがな（ひらがな）**に直せ。（10点）

〈例〉問題にコタエル。（答える）

1 チームでは**モットモ**足が速い選手だ。（　　）
2 文字が**コマカク**て読みづらい。（　　）
3 白雪を頂いた山々が**ツラナル**。（　　）
4 雪が消えて春が**オトズレル**。（　　）
5 旧友とは**ヒサシク**出会っていない。（　　）

(八) 文中の**四字熟語**の——線の**カタカナ**を**漢字**に直して、**一字**記入せよ。（20点）

1 **面従腹ハイ**な態度では成長しない。（　　）
2 **キョウ天動地**の大事件が発生した。（　　）
3 **ニソク三文**で引き取られる。（　　）
4 **美ジ麗句**を連ねて頼む。（　　）
5 **ハク利多売**の方針で営業する。（　　）
6 思わぬ優勝に**狂喜ラン舞**した。（　　）
7 **抱腹ゼッ倒**の喜劇を見る。（　　）
8 **不可コウ力**で起きた事故。（　　）
9 **完全無ケツ**な人はいない。（　　）
10 人生は**因果オウ報**を繰り返す。（　　）

(九) 次の各文にまちがって使われている**同じ読みの漢字**が一字ある。**上に誤字**を、**下に正しい漢字**を記せ。（10点）

1 紅葉の美しい神社の境内を配景にして一同は記念写真をとった。（　　）→（　　）
2 言い訳めいたことは何一つ口にせ

ず自分の間違いを素直に認めて誤った。（　→　）

3 日本の伝統公芸の継承を志す若者たちを紹介する番組が放映された。（　→　）

4 わが国では総人口に占める高齢者の比律が増加の一途をたどっている。（　→　）

5 気象庁の新しい観測操置は気温や風速が従来より詳細に測定できる。（　→　）

(十) 次の――線のカタカナを漢字に直せ。（40点）

1 ゴミの減量作戦をスイシンする。（　）

2 街頭でショメイ運動をしている。（　）

3 旅の土産をコヅツミにして送る。（　）

4 台所の給湯装置がハソンした。（　）

5 屋上のテンボウ台から市街を見渡す。（　）

6 交通費はベットに支給します。（　）

7 幼児がカタコトで話しかけた。（　）

8 物知りで話題ホウフな人だ。（　）

9 ネンガンのマイホームを建てた。（　）

10 国宝の仏像をハイカンした。（　）

11 雪をイタダいた峰を見上げる。（　）

12 ヨクバり過ぎて結局は損をした。（　）

13 場所をウツして会議は続いた。（　）

14 今日は朝から良いヒヨリだ。（　）

15 勝敗のユクエを占う。（　）

16 足取りもカロやかに帰宅した。（　）

17 景気の動向をサグる。（　）

18 彼は私の父を師とウヤマっている。（　）

19 申し出をココロヨく引き受ける。（　）

20 議論はカラマワりし続けた。（　）

解答編

（×は、まちがえやすい例です）

1 漢字の読み 1

1 いじ
2 かいたく
3 せいえん
4 しょうさい
5 たんねん
6 ちえん
7 ほかく
8 ぶよう

注意 「ぶとう」と読まないこと。意味は似ているが、「ぶとう」は「舞踏」と書く。

9 ふきゅう
10 はもん
11 ゆうべん
12 ふせつ
13 おだく
14 ひま
15 かげ
16 なまり
17 いく
18 あお

2 漢字の読み 2

1 いぎょう
2 けいこう
3 くじょ
4 かじょう ×こじょう
5 えっとう
6 こうたい
7 せんめい
8 そくおう
9 ぼうかん
10 はけん
11 めいわく
12 こうしん
13 むじゅん
14 おと
15 ほま
16 こわ
17 いねか ×いなか
18 なみだ

3 漢字の読み 3

1 せいえい
2 けんじ
3 しんけん
4 えんせい
5 くっし
6 きがん
7 しきさい
8 しんがい
9 だっきゃく
10 はんも
11 ちんもく
12 ぼうとう
13 ひがん

注意 「彼岸」＝春分の日、秋分の日ごろの季節のことを言う。

14 こ
15 つゆ
16 こうむ
17 はず
18 のきさき

4 漢字の読み 4

1 しゅこう
2 けいはく
3 かんし
4 ぜにん
5 いんきょ
6 かいほう
7 あくしゅ
8 おくそく
9 かんだん
10 けいい

注意 「いきさつ」と読む熟字訓もある。

11 きゃっこう
12 そうい
13 ぶんごう
14 こころづか
15 せま
16 く
17 すす
18 うかが

5 漢字の読み 5

1 こうきゅう

注意 「恒久」＝いつまでも変わらないこと。「永久」「永遠」と同義。

2 もうい
3 しゅうしん
4 じゅんかい
5 たいかん
6 えんばん
7 べっと
8 ふはい
9 りょうよう
10 ひろう
11 ようえき
12 とうそう
13 こてき
14 あわ
15 かた
16 あざ
17 まど
18 しげ

6 漢字の読み 6

1 やくしん
2 れんぽう
3 びんそく
4 はくりょく
5 ちゅうじゅん
6 てんじょう
7 のうむ
8 てんじょう ×てんせい
9 はくしゅ
10 てんぽ
11 はんい
12 そうぜん
13 しんちょう
14 こわ
15 いもほ
16 ふく
17 かたむ
18 にぶ

7 漢字の書き 1

1 就任
2 質素
3 安否
4 貴重
5 操縦
6 度胸
7 祝福
8 演劇
9 早急
10 散乱
11 射
12 易
13 食欲
14 異
15 眼鏡

注意 「眼鏡(めがね)」は熟字訓。覚えておこう。

8 漢字の書き 2

1 招集
2 墓穴

注意 「墓穴を掘る」＝自分で自分の身をほろぼす原因を作ること。

3 痛快
4 迷信
5 由来
6 強化
7 留学
8 郷里
9 通訳
10 綿密
11 節目
12 盛
13 奮
14 巣立
15 頭角

9 漢字の書き 3

1 観覧
2 建築
3 呼吸
4 最適

注意 「適」を「敵」「摘」「滴」とまちがわないように注意。

5 拝見
6 待機
7 民衆
8 現職
9 出版
10 行列
11 雨宿
12 度胸
13 危
14 乱
15 連

10 漢字の書き 4

1 予測
2 重傷
3 批評

注意 「批」にも「評」にも「物事の是非を決める」の意味がある。

4 砂糖
5 減少
6 模型
7 容易
8 臨時
9 貯蔵
10 校舎
11 額
12 燃
13 設
14 染
15 垂

11 漢字の書き 5

1 俳句
2 改革
3 樹立
4 故障
5 講師
6 毒舌

注意 「毒舌をふるう」の言い方を覚えよう。

7 段階
8 統計
9 費用
10 領域
11 花束
12 放
13 営
14 拾

注意 対義語である「捨(す)てる」と形が似ているので注意。

15 裏切

12 漢字の書き 6

1 熟練
2 混雑
3 実績 ×実積
4 推進
5 鋼鉄

注意 「鋼」の訓読みは「はがね」。「綱」と形が似ているので注意。

6 承知
7 遺産
8 圧縮
9 温泉
10 神秘
11 手厚
12 招
13 疑
14 目覚
15 築

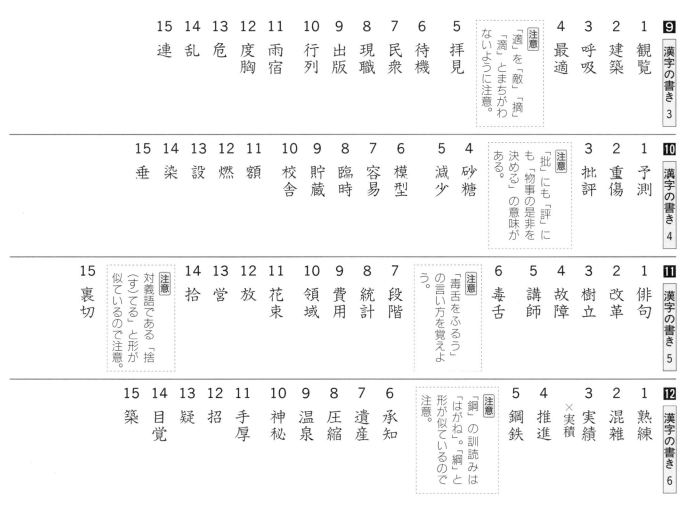

13 同音・同訓異字1

1 エ
2 イ
3 ウ

注意 「勧」＝すすめる、「歓」＝喜ぶ・楽しむという意味である。形も似ているので注意。

4 エ
5 ア
6 ウ
7 ア
8 エ
9 イ
10 ウ
11 イ
12 オ
13 イ
14 オ
15 エ

14 同音・同訓異字2

1 オ
2 ア
3 エ
4 ウ
5 イ
6 エ
7 ア
8 エ
9 オ
10 ア
11 ウ
12 イ
13 イ
14 エ
15 ウ

注意 「雪が溶ける」「難問が解ける」「道理を説く」の例文で、使い分けを覚えよう。

15 同音・同訓異字3

1 イ
2 エ
3 オ
4 ウ
5 ア
6 エ
7 エ
8 オ
9 イ
10 ア
11 ウ
12 オ

注意 「一挙に」＝「いっぺんに、一度に」という意味の副詞である。

13 イ
14 ウ
15 エ

16 漢字識別1

(1)
1 ク
2 コ
3 イ
4 ケ
5 オ

(2)
1 ク
2 オ
3 ケ
4 ア
5 エ

(3)
1 ク

注意 「踏査」＝実際にその場所へ行って調査すること。

2 コ
3 エ
4 ウ
5 ア

17 漢字識別 2

(1)
1 ウ
2 カ
3 ア
4 オ
5 エ

(2)
1 キ
2 カ
3 ケ
4 ア
5 ウ

(3)
1 ク
2 イ
3 ケ
4 コ
5 ア

注意 「極致」＝到達できる最高の境地。「招致」＝招いて来てもらうこと。

18 熟語の構成 1

1 エ
2 エ
3 ア
4 イ
5 ウ
6 イ
7 オ
8 イ
9 ウ
10 ウ
11 ウ
12 エ
13 イ
14 エ
15 イ
16 ウ
17 エ
18 ア
19 オ
20 ア

19 熟語の構成 2

1 ア
2 ア
3 イ
4 エ
5 イ
6 ア
7 エ
8 オ
9 イ
10 ア
11 ウ
12 エ
13 ウ
14 イ
15 エ
16 エ
17 ア
18 エ
19 ア
20 ウ

20 部首 1

1 ウ
2 イ
3 ウ

注意 「宀」(うかんむり)ではなく、「穴」(あなかんむり)である。

4 ア
5 エ

注意 「走」(そうにょう)である。

6 ア
7 ウ
8 エ
9 エ
10 ア
11 イ
12 ア
13 ウ
14 イ

注意 「禾」(のぎ)である。

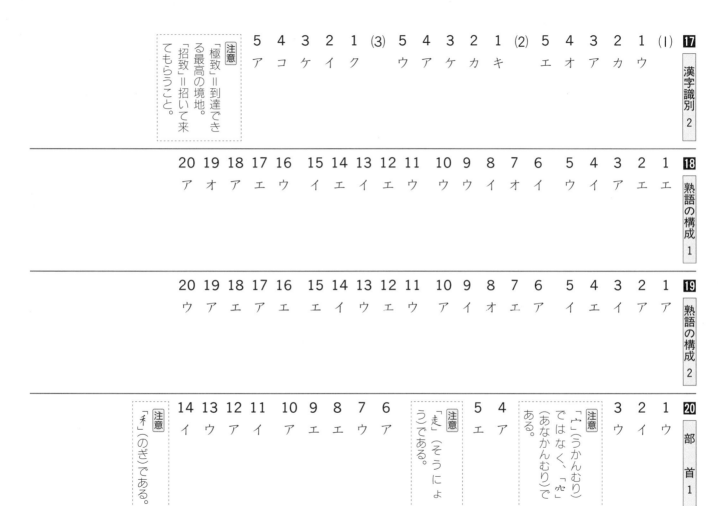

21 部首2

1 ウ
2 エ

注意 「殳」(るまた)である。

3 ア
4 ウ
5 イ
6 エ

注意 「攵」(ぼくにょう)である。

7 エ
8 ウ
9 ア
10 イ
11 エ
12 ア
13 イ
14 イ

注意 「夂」ではなく、「至」(いたる)である。

22 対義語・類義語1

1 就
2 退
3 留
4 給
5 警
6 借
7 頭
8 固
9 受
10 断
11 測
12 改
13 基
14 角
15 逆
16 想
17 辺
18 勢
19 技
20 真

23 対義語・類義語2

1 結
2 優
3 純
4 損
5 幼
6 難
7 重
8 防
9 直
10 従
11 格
12 将
13 群
14 綿
15 輸
16 模
17 蔵
18 功
19 肉
20 冷

24 漢字と送りがな1

1 志し ×志ざし
2 細かい

注意 「細」の訓読みには、「細(こま)かい」「細(ほそ)い」がある。送りがなに注意。

3 従う ×従がう
4 散らかっ
5 険しい
6 激しい
7 拝ん
8 探し
9 祝っ
10 改め
11 語らい
12 再び
13 軽やかに
14 優しい
15 連なっ

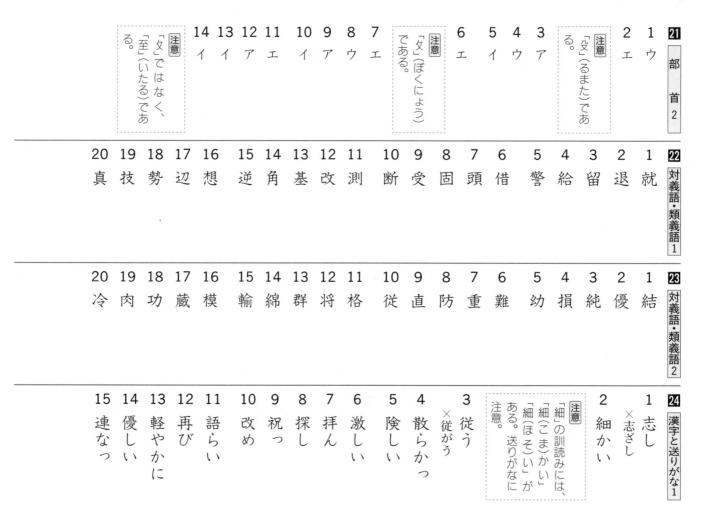

25 漢字と送りがな2

1 望ましい
2 危ない
3 敗れ

注意 勝負で負ける場合は「敗れる」。紙など形あるものが裂(さ)ける場合は「破れる」。

4 借りる
5 新たに
6 試みる
7 照らし
8 足りる
9 冷まし
10 率い
11 幼い ×幼ない
12 訪れ
13 唱える
14 豊かな
15 明らかだ

26 四字熟語1

1 投
2 発
3 喜
4 別
5 読
6 同

注意 「付和雷同」＝自分の意見を持たず、軽々しく他人の意見に同調すること。

7 承
8 苦
9 雲
10 紫
11 苦
12 青 ×晴
13 材
14 乱
15 異
16 寒

27 四字熟語2

1 挙
2 温
3 引

注意 「我田引水」＝自分に都合のいいように物事を取り計らうこと。

4 機
5 今
6 耳
7 寒
8 欠
9 里
10 単 ×短
11 散
12 考
13 論
14 打
15 暗
16 望

28 四字熟語3

1 望
2 転
3 未
4 善
5 体 ×対
6 器
7 火

注意 「電光石火」＝非常にすばやいこと。「電光」＝稲妻・稲光のこと。

8 異
9 利
10 辞
11 奮
12 末
13 断
14 言
15 整
16 豊

29 誤字訂正 1

1 能→脳
2 補→保
3 輝→揮
4 接→設
5 載→採
6 用→様
7 元→限
8 当→討
9 集→収

注意 「回収」＝一度配られたものや使われたものを集めること。「寄せ集める、趣味などのために集める」の意味の「収集」とも混同しやすいので注意。

10 添→沿

30 誤字訂正 2

1 作→策
2 反→判
3 成→製
4 与→予
5 製→整
6 給→救
7 希→期
8 科→課
9 格→拡
10 居→射

注意 「的を射る」＝矢を的に命中させるということから、うまく要点をつかむという意味で用いられる。

31 漢字の読み 7

1 ぎしき
2 どうせい
3 けんむ
4 こうりょ
5 こうや

注意 「あれの」と読む場合は、「荒れ野」であることに注意。

6 せいじゃく
7 がんゆう
8 きょうふ
9 がっち ×ごうち
10 しゅん
11 びりょく
12 ようしょく
13 かんが
14 ほこさき
15 たたか
16 かく
17 たくわ
18 ひより

32 漢字の読み 8

1 かいきん
2 かいひ
3 いっぱい
4 もくげき
5 じまん
6 そうげい
7 しょうさん

注意 「称賛」＝ほめたたえること。「賞賛」とも書く。

8 じゅれい
9 ごかく
10 けいかい
11 きゅうみん
12 てきはつ
13 かし
14 ふる
15 かわ
16 おに
17 ぼんおど
18 めずら

33 漢字の読み 9

1 いらい
2 えんこ
3 かんるい
4 かんげん
5 きょくたん
6 とうえい
7 とうなん
8 てんとう
9 びょうしゃ
10 へいさ
11 へきめん
12 はいしゅつ
13 のが

注意 訓読みには「逃(の)がす」「逃(に)がす」などもあるので、送りがなに注意。

14 そむ
15 ほこ
16 たの
17 こい
18 ざ

34 漢字の読み 10

1 かんよ
2 ようきょく
3 じゅうどう
4 おんけい
5 こうい
6 きょうたん

注意 「驚嘆」＝非常に驚き、感心すること。「嘆」には、「なげく」のほかに「ほめたたえる」の意味がある。

7 くのう
8 しゃくめい
9 ふしん
10 たぼう
11 そうこう
12 だつぼう
13 さんじ
14 にぎ
15 かがや
16 か
17 さけ
18 ひび

35 漢字の読み 11

1 そうしょく
2 どんつう
3 はんろ

注意 「販路」＝商品を売りさばく方面のこと。「賄賂(わいろ)」と字が似ているので注意。

4 ひふ
5 ひかく
6 じゅよう
7 しゅうらい
8 ひってき
9 ゆうが
10 さんまん
11 せいきょう
12 やくざいし
13 とうとつ
14 おそ
15 か
16 はば
17 だま
18 わこうど

36 漢字の読み 12

1 とうたつ
2 せんじょうち
3 りんじん
4 ぜんぱん
5 しぼう
6 ふちん
7 ていしょく
8 よか
9 だんりょく
10 りだつ
11 ふきゅう
12 しょばつ
13 きぞう (きそう)
14 は
15 いか

注意 「怒(おこ)る」とも読めるが、ここでは「肩を怒(いか)らせる」の言い方であることに注意。

16 から
17 おど
18 めぐ

37 漢字の書き 7

1 往復
2 競争

注意 「徒競走」のように走って速さを競う場合は「競走」である。

3 骨格
4 志望
5 法律
6 展示
7 育成
8 黄金
9 規則
10 署名
11 花園
12 割
13 筋書
14 慣
15 寄

38 漢字の書き 8

1 担当
2 一切
3 看病
4 延期
5 映画
6 指図
7 朗読
8 節約
9 拡張
10 羽毛
11 潮時

注意 「潮時」＝物事のころあいや機会のこと。

12 帯
13 骨身
14 済
15 授

39 漢字の書き 9

1 創立
2 寸断

注意 「寸断」＝長く続いているものをずたずたに断ち切ること。

3 至急
4 効果
5 輸出
6 注射
7 録音
8 液体
9 過激
10 音色
11 沿 ×添
12 好
13 経 ×径
14 挙手
15 発芽

40 漢字の書き 10

1 水洗
2 混乱
3 危険
4 簡便

注意 「簡便」＝簡単で便利、手軽なこと。

5 巻末

注意 「巻末」＝書物などの終わりの部分。対義語は「巻頭」。

6 合奏
7 衣料
8 視野
9 省略
10 停電
11 小刻
12 答辞
13 窓辺
14 食器
15 干

41 漢字の書き11

1 発揮
2 出荷
3 均等
4 警報

注意 「警」は「驚」と形が似ているので注意。

5 穀物
6 略図
7 寒気
8 筋肉
9 散策
10 河川
11 灰色
12 果物
13 移

注意 「写す」「映す」の同音異義語に注意。

14 訪
15 絹

42 漢字の書き12

1 専念
2 破片 ×破辺
3 内閣
4 検討

注意 「検討」＝よく調べて考えること。「見当をつける」とまちがえないように注意。

5 収納
6 興味
7 逆転
8 心臓
9 経営
10 救護
11 飼
12 小包
13 織
14 注
15 乳飲

43 同音・同訓異字4

1 エ
2 ア

注意 「博する」＝獲得する、広めるの意味。「好評を博する」「名声を博する」の言い方を覚えておこう。

3 オ
4 イ
5 オ
6 ウ
7 エ
8 ア
9 ウ
10 イ
11 オ
12 ウ
13 エ
14 ウ
15 イ

44 同音・同訓異字5

1 ウ
2 イ
3 ア
4 イ
5 オ
6 エ

注意 「侵入」＝人が無理に入り込むこと。「浸入」＝水などが入り込むこと。主語が何かで判断しよう。

7 ウ
8 ア
9 エ
10 イ
11 エ
12 ウ
13 イ
14 オ
15 ア

45 同音・同訓異字 6

1 イ
2 オ
3 ウ

注意 「忙殺」＝非常に忙しいこと。「殺」は、意味を強めるために添える助字である。

4 ア
5 イ
6 エ
7 ウ
8 オ
9 エ
10 ウ
11 イ
12 ア
13 イ
14 ウ
15 オ

46 漢字識別 3

(1)
1 ケ

注意 「異彩」＝きわ立った様子、普通とは異なる趣のこと。

2 イ
3 ク
4 オ
5 ウ

(2)
1 ケ
2 オ
3 カ
4 ウ
5 ク

(3)
1 ク
2 オ
3 ケ
4 ウ
5 カ

47 熟語の構成 3

1 エ
2 イ
3 ウ
4 ウ
5 エ
6 ア
7 ア
8 オ
9 エ
10 ウ
11 イ
12 ア
13 イ
14 ア
15 エ
16 エ
17 ウ
18 エ
19 オ
20 エ

48 熟語の構成 4

1 ア
2 ウ
3 ア
4 イ
5 ウ
6 ア
7 オ
8 ウ
9 ウ
10 オ
11 エ
12 ア
13 イ
14 ウ
15 ア
16 ウ
17 イ
18 ア
19 オ
20 エ

49 部首3

1 ア
2 ア
3 ア
4 イ
5 エ
6 ア
7 ウ
8 イ
9 ウ

注意 「彡」(さんづくり)である。

10 イ
11 ア
12 ウ
13 イ
14 イ

注意 「心」(こころ)である。

50 部首4

1 イ

注意 「釆」(のごめ)である。

2 ウ
3 ア
4 イ
5 エ

注意 「隹」(ふるとり)である。

6 ウ
7 エ
8 ウ
9 ア
10 イ
11 ウ
12 イ

注意 「髟」(かみがしら)である。

13 エ
14 ア

51 対義語・類義語3

1 放
2 設
3 頭
4 永
5 調
6 着
7 密
8 鳴
9 陽
10 冷
11 至
12 細
13 在
14 弁
15 格
16 警
17 刻
18 補
19 善
20 備

52 対義語・類義語4

1 簡
2 厳
3 切
4 孫
5 清
6 退
7 独
8 収
9 増
10 参
11 遠
12 筋
13 困
14 樹
15 富
16 由
17 老
18 興
19 命
20 覚

53 漢字と送りがな3

1 快く
2 化かす
3 慣れる
4 群がっ

注意 「群」は「郡」と形が似ているので注意。

5 後ろめたい
6 交わる
7 幸い
×幸わい
8 支え
9 帯びた
10 努める
11 親しむ
12 転がっ
13 備わっ
14 省い
15 確かめる

54 四字熟語4

1 鏡
2 味
3 有
4 異
5 腹
6 心
7 足
8 節
9 縦
10 馬
11 絶
12 秋
13 才
14 動

注意 「驚天動地」＝天を驚かし地を動かすという意味から、世の中をひどく驚かすこと。

15 得
16 画
×我

55 四字熟語5

1 未
2 固
3 終
4 辞
5 危
6 断
7 棒
8 起
9 面
10 事
11 青
12 異
13 品
14 難
15 覧

注意 「博覧強記」＝広く書物を読んで、多くのことをよく記憶していること。

16 志

56 四字熟語6

1 決
2 深
3 想
4 論
5 興
6 歴
7 欲
8 必
9 非
10 夢

注意 「同床異夢」＝同じ立場にいながら、目的や考えが異なること。

11 才
12 姿
13 聞
14 意
15 臨
16 旧

57 誤字訂正 3

1 友→共
2 演→延
3 慣→刊

注意 「刊行」＝書物などを印刷して出版すること。「慣行」＝古くからのならわしや習慣として行われていること。

4 肪→防
5 吸→救
6 君→訓
7 境→郷
8 即→速
9 限→減
10 課→果

58 漢字の読み 13

1 じん
2 ちょうしゅう
3 こうき
4 しゅうれい
5 ちくせき
6 とってい
7 しゅび
8 とうめい
9 れんらくもう
10 ふんえん
11 どんてん

注意 「曇」の音読みは「ドン」、訓読みは「曇」(くも)る。

12 たんぼう
13 さきゅう
14 つ
15 か
16 す
17 ぬま
18 ふ

59 漢字の読み 14

1 ぎきょく
2 けいせき
3 こうりょう（×かりょう）
4 すいそう
5 ちえ
6 ねつれつ
7 はっかん（×はつかん）
8 ぼうぎょ（×ぼうご）
9 かんそう
10 じょうぶ
11 めいし
12 きしょう
13 はんにゅう
14 ぬ
15 ほんごし
16 てがら
17 たたみ
18 ぬ

60 漢字の読み 15

1 きゅうれき
2 たんぱく
3 しゅう（×ゆうし）
4 いっしゅん
5 ていそ
6 にゅうか
7 しゅよく
8 ほんもう（×ほんぼう）
9 らいう
10 すいてき
11 こんきょ
12 へいぼん
13 てっとう
14 すじちが
15 おおやけ
16 しはら
17 くわ
18 は

61 漢字の読み 16

1 きょだい
2 げきど
3 しゅわん
4 えいよ
5 てんぷ

注意 「天賦」＝天から与えられたもの。生まれつきのもの。

6 とうし
7 ひがい
8 れっせい
9 じんもん
10 かんてい
11 こうぎ
12 さんぱつ
13 とうは
14 むか
15 あぶらあせ
16 たて
17 つつし
18 す

62 漢字の書き 13

1 正義
2 寄付
3 運賃

注意 「賃」は「貨」「貸」と形が似ているので注意。

4 権限
5 清潔
6 宇宙
7 発刊
8 完結
9 要因
10 支給
11 冷

注意 「冷」の訓読みには、「冷(つめ)たい」「冷(ひ)える」などもある。

12 暴
13 似
14 除
15 従

63 漢字の書き 14

1 沿岸
2 製造
3 急務
4 強敵
5 特許
6 水準
7 新装

注意 「新装開店」の言い方を覚えよう。

8 返済
9 新幹線
10 受信
11 関節
12 照
13 険
14 志

注意 動詞「志(こころざ)す」も覚えよう。送りがなに注意。

15 老

64 漢字の書き 15

1 芸能
2 豊富
3 責務
4 夢中 ×無中
5 誕生
6 除去

注意 「除去」＝不用なものを取り除くこと。同音異字「徐」とまちがえないように注意。

7 入場券
8 誤解
9 貿易
10 山頂
11 刷
12 株
13 姿
14 巻
15 衣装

65 漢字の書き 16

1 編集
2 根性
3 在宅
4 先導

注意 「先導」＝先に立って案内をすること。「導」の訓読みは「導(みちび)く」。

5 引率
6 習慣
7 辞退
8 方針
9 預金　×貯金
10 独身
11 省
12 印刷
13 群
14 率
15 優良児

66 同音・同訓異字 7

1 イ
2 ウ
3 ア
4 ア
5 エ
6 オ
7 ア
8 エ
9 ウ
10 エ
11 ア
12 イ
13 ウ

注意 13のことわざは、信念を持って行動すれば、何ものも妨げることはできない、という意味。

14 オ
15 ア

67 同音・同訓異字 8

1 エ
2 ウ
3 オ
4 ア
5 ウ
6 オ
7 イ
8 エ
9 オ
10 イ
11 エ
12 ウ
13 ウ

注意 「折に触れて」＝機会があるたびに、の意味。覚えておこう。

14 イ
15 ア

68 漢字識別 4

(1)
1 カ
2 ウ
3 キ
4 コ
5 ク

(2)
1 オ
2 コ
3 キ
4 カ
5 エ

(3)
1 キ
2 イ
3 ケ
4 ア
5 エ

注意 「時雨(しぐれ)」「梅雨(つゆ)」「五月雨(さみだれ)」は熟字訓である。

69 熟語の構成5

1 ウ
2 ア
3 イ
4 エ
5 エ
6 オ
7 ウ
8 ウ
9 イ
10 ア
11 ウ
12 イ
13 ア
14 ウ
15 ア
16 ア
17 ウ
18 エ
19 オ
20 ア

70 熟語の構成6

1 ア
2 イ
3 ウ
4 ウ
5 エ
6 エ
7 ア
8 オ
9 エ
10 ウ
11 イ
12 オ
13 ウ
14 ア
15 ア
16 イ
17 エ
18 ア
19 ウ
20 ウ

71 部首5

1 エ

注意 「豸」(いのこ)である。

2 ウ
3 ウ
4 ウ
5 エ
6 ア
7 イ
8 ア
9 ウ

注意 「隶」(れいづくり)である。

10 ア
11 イ
12 エ
13 エ

注意 「刂」(りっとう)である。

14 エ

72 部首6

1 ウ
2 ア
3 イ

注意 「臼」(うす)である。

4 エ
5 ア
6 ア
7 ウ
8 エ
9 ウ
10 エ
11 ア
12 エ
13 ア

注意 「巾」(はばへん)である。

14 イ

注意 「巾」(はば)である。

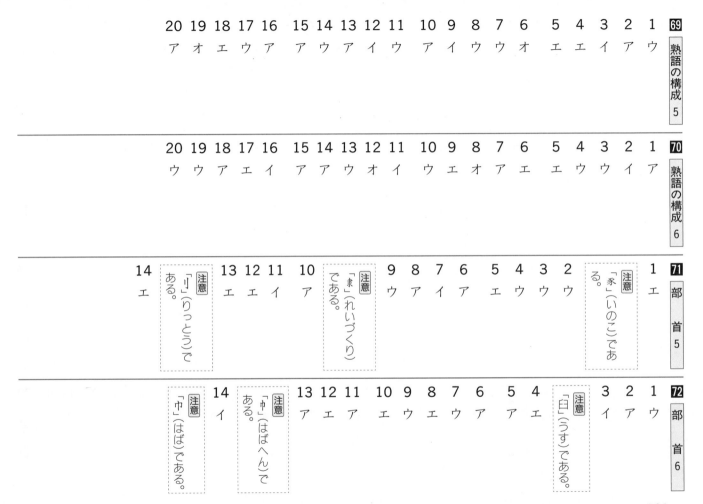

73 対義語・類義語5

1 奮
2 敗
3 容
4 応
5 盛
6 派
7 略
8 遊
9 難
10 専
11 栄
12 可
13 護
14 通
15 真
16 性
17 直
18 等
19 路
20 規

74 対義語・類義語6

1 野
2 経
3 亡
4 危
5 落
6 遠
7 低
8 守
9 臨
10 細
11 散
12 許
13 善
14 努
15 照
16 快
17 足
18 意
19 潮
20 康

75 漢字と送りがな4

1 清らかだ
2 暴れる
3 久しい
4 疑わしい
5 直ちに

注意 「直ちに」＝すぐに、即座にという意味の副詞。

6 勢い
×勢おい
7 安らかな
8 過ぎる
9 並べる
10 絶やさ
11 異なる
12 縮まる
13 任せる
14 築い
15 平ら

76 四字熟語7

1 退
2 因
3 里

注意 「悪事千里」＝悪い行為や評判は、すぐに世間に知れ渡るという意味。

4 鳥
5 転
6 処
7 乱
8 持
9 根
10 疑
11 志
12 両
13 眠
14 真
15 消
16 門

77 四字熟語 8

1 垂

注意 「率先垂範」＝人の先に立って規範を示すこと。

2 断
3 問
4 腹
5 朗
6 束（足）
7 舌
8 災
9 美
10 刻
11 行
12 老
13 可
14 実
15 算
16 後

78 誤字訂正 4

1 集→衆
2 事→持
3 異→移
4 真→深

注意 深く心に刻みこまれるほど事態が切迫していることなので「深刻」である。

5 進→新
6 知→治
7 従→縦
8 切→接
9 操→装

注意 「装置（そうち）を操作（そうさ）する」という例文で覚えておくとよい。

10 構→講

実戦模擬テスト1

㈠
1 いぞん
2 いじ
3 けいい
4 えいびん
5 おせん
6 かじょう
7 かくとく ×えとく
8 かんし
9 ぎしき
10 きゃっこう
11 じゅんきょ
12 きょうあく
13 かんき
14 そっせん
15 けいしょう
16 けんよう
17 はけん
18 たいこ
19 こうしん
20 しょうさい
21 かげ
22 あつか
23 ひま
24 か
25 ふく
26 ふる
27 えがお
28 せば ×せ
29 うちょうてん
30 さつきば ×ごがつば

(二)

1	2	3	4	5	6	7	8	9	10	11	12	13	14	15
ア	ウ	イ	オ	ウ	イ	イ	オ	エ	ウ	エ	ア	ウ	イ	ア

(三)

1	2	3	4	5
ク	エ	イ	カ	キ

(四)

1	2	3	4	5	6	7	8	9	10
ウ	ア	ウ	イ	エ	ウ	ア	イ	オ	エ

(五)

1	2	3	4	5	6	7	8	9	10
エ	ア	イ	ウ	エ	イ	エ	ウ	イ	エ

(六)

1	2	3	4	5	6	7	8	9	10
敗	確	禁	供	固	用	回	導	準	善

(七)

1	2	3	4	5
優れ	厳しく	好ましい ×好しい	預ける	幼い ×幼ない

(八)

1	2	3	4	5	6	7	8	9	10
合	即	危	専	事	致	器	吐	垂	有

(九)

1 段→暖
2 接→設
3 直→治
4 期→機
5 長→重

(十)

1 営業
2 盛大
3 従事
4 設置
5 正座
6 耕作
7 燃料
8 頂上
9 敬老
10 習慣
11 綿雲
12 裏表
13 染
14 納
15 胸
16 網
17 支　×任
18 誠
19 授
20 寄

実戦模擬テスト2

(一)

1 れんさい
2 しゅうねん　×しつねん
3 けいしゃ
4 はんきょう
5 ひろう
6 しんみょう
7 らんがい
8 どんてん　×うんてん
9 えんばん
10 ぜっきょう
11 しゅくはい
12 かんこく
13 さきゅう
14 げんかん
15 ふじん
16 さんじょう
17 ようし
18 さいまつ
19 こうもく
20 きょり
21 お
22 かた
23 さ
24 に
25 おく
26 しょっき
27 おもむき
28 いなか
29 じゃり
30 もよ